PETITE PHILOSOPHIE
DE LA CHAUSSETTE

Du même auteur

Un lit pour deux, la tendre guerre, Lattès, 2015.

Piégée dans son couple, Les Liens qui Libèrent, 2016.

Saint-Valentin, mon amour, Les Liens qui Libèrent, 2017.

Burkini, autopsie d'un fait divers, Les Liens qui Libèrent, 2017.

L'amour qu'elle n'attendait plus, Hugo éditions, 2018.

La Fin de la démocratie, apogée et déclin d'une civilisation, Les Liens qui Libèrent, 2019.

Pas envie ce soir. Le consentement dans le couple, Les Liens qui Libèrent, 2020.

C'est fatigant la liberté, une leçon de la crise, L'Observatoire, 2021.

Ce qu'embrasser veut dire. Raison, sexe et sentiments, Payot, 2021.

La Trame conjugale. Analyse du couple par son linge, Armand Colin (nouvelle édition), 2022.

JEAN-CLAUDE KAUFMANN

—

PETITE PHILOSOPHIE DE LA CHAUSSETTE

BUCHET • CHASTEL

ISBN 978-2-283-03617-4

Introduction

Ceci n'est pas une encyclopédie. Vous ne saurez pas tout sur la chaussette. Quelques mots seulement sur son histoire, qui aurait mérité un livre entier, racontant comment elle se distingua du bas pour devenir elle-même, tricotée à l'infini par des bataillons de femmes, fixée au mollet par des appareils sophistiqués chez les plus riches, retombante aux chevilles chez les pauvres. Avant que l'invention de l'élastique n'ouvre sur une égalité plus démocratique. Quelques mots seulement sur l'économie, à l'heure où la mondialisation fait basculer sa production vers la Chine. Quelques mots également sur sa géographie, alors que sa prétention à l'universalité ne parvient pas à effacer les particularités locales – difficile de porter des chaussettes en laine quand on vit sous les tropiques. Le refus de la chaussette prend parfois les allures d'une résistance au modèle occidental.

Non, l'ambition de ce livre est différente, démesurée peut-être. Elle n'est pas de tout dire sur la chaussette, mais de lui faire dire ce que l'on ne s'attend pas qu'elle dise, de la forcer à livrer ses secrets, de la transformer en instrument d'analyse de certains mystères du monde.

Il se trouve que j'aime faire parler les objets. J'ai déjà suivi la piste du linge pour décrypter le fonctionnement conjugal, fouillé le sac à main des femmes pour voir s'y former une part de leur identité, scruté les casseroles pour comprendre comment les repas construisent la famille. Cette fois, je ferai donc parler la chaussette. Et je suis persuadé qu'elle a beaucoup à nous dire.

J'aime aussi ce que l'on appelle en technique d'enquête le « matériau faible », qui par sa rareté impose de le travailler au corps, ainsi que les terrains vierges qui évitent de se noyer dans une synthèse bibliographique interminable, car tellement a déjà été écrit sur le sujet que l'on finit par se perdre dans un océan sans fin.

Je me disais donc naïvement qu'avec la chaussette je conjurais ce risque, que j'aurais le confort et la liberté intellectuelle de ces problématiques où tout ou presque est à inventer. Que je ne serais sans doute pas le premier, mais que le tour de ce qui avait été produit sur la question devrait être bref. Dans un livre récent sur l'histoire de la Saint-Valentin, j'avais même eu la surprise de constater que les travaux notables sur la question se comptaient sur les doigts d'une seule main. Autant dire, rien. Alors, la chaussette !

Je n'allais pas tarder à être déçu.

Non par l'avalanche de milliers, de millions de publications commerciales ou marketing. Cela je m'y attendais. Mais en découvrant que la chaussette avait fait l'objet de débats théoriques enflammés en philosophie, en psychanalyse, en physique quantique. Hegel, Heidegger, Walter Benjamin, Freud et bien d'autres s'étaient passionnés pour la chaussette et l'avaient érigée en objet de développements conceptuels des plus abstraits. Diantre, que signifiait cette prolifération intellectuelle, de très haute volée, si inattendue ? Que signifiait également le nombre conséquent d'articles et de livres affichant en titre le pouvoir explicatif des chaussettes ?

J'étais décontenancé. Et c'est fiévreusement que je tournais les pages de tous ces écrits, avide de découvrir les trouvailles de mes prédécesseurs, mais prêt désormais à renoncer à ma propre ambition d'énoncer une théorie de la chaussette si tant et tant avait été déjà dit avant moi.

Je fus à nouveau déçu. Non par le trop-plein, mais par le vide cette fois. Car après l'annonce grandiloquente du titre, la chaussette était par la suite oubliée, ou n'émergeait de façon marginale qu'en quelques lignes allusives. Je répétai l'expérience plusieurs fois, de moins en moins surpris par le décalage évident entre l'annonce de titre et la pauvreté du contenu, jusqu'à comprendre que ce décalage disait quelque chose d'important sur la chaussette. Les auteurs l'avaient intuitivement senti, sans parvenir à résoudre son énigme. Ils en étaient restés à un titre sans suite, sans même s'excuser de ne rien écrire ou si peu sur la chaussette après une aussi belle promesse.

Le défi semblait donc de taille, mais il décuplait ma curiosité : je résoudrais le mystère de la chaussette !

1.

Promenade (en chaussettes) entre fausses pistes et grandes idées

Avant d'expliquer dans le détail, argumentant pied à pied (il ne peut en aller autrement pour la chaussette), je ne peux ignorer tout ce que ces sommités intellectuelles ont élaboré, tricotant leurs intuitions avec opiniâtreté, même si les envolées abstraites leur ont souvent fait oublier la chaussette qui était au début de leurs réflexions. Je vais donc vous entraîner dans une sorte de cabinet des curiosités où nous nous fourvoierons dans quelques impasses. Cependant, le début d'un véritable chemin commencera à se dessiner.

Deux n'égalent trois que si l'on ne range pas ses chaussettes

Même les mathématiques, habituellement si sèches, si rigoureuses, annonçaient pouvoir me faire des révélations sur la chaussette. Avide de ces découvertes, ce n'est pas sans une certaine excitation intellectuelle que je me jetai sur le livre de Rob Eastaway, *Combien de chaussettes font la paire ?* Je savais bien qu'il ne s'agissait pas d'un livre de haute théorie, mais plutôt de vulgarisation, à partir d'expériences tirées de la vie quotidienne. Il n'empêche, le résumé de l'ouvrage incitait à penser que, grâce aux chaussettes, on pourrait découvrir que 1 + 1 n'égalent pas forcément 2. Cela méritait bien le détour.

Quelle déception ! Le livre est essentiellement constitué d'exercices – certes intéressants – et les chaussettes se réduisent à quelques pauvres lignes introductives, que je vous cite *in extenso* :

« Combien de chaussettes faut-il pour faire une paire ?

Pas deux. Pas chez moi en tout cas. Pourquoi ? Parce que dans la lumière d'un sombre matin d'hiver, quand j'ouvre mon tiroir rempli d'un mélange de chaussettes bleues et noires et que j'en tire deux, je peux vous garantir qu'elles sont invariablement dépareillées.

La bonne nouvelle pour un type malchanceux dans mon genre, c'est que si j'en tire TROIS, je suis certain de pouvoir me mettre aux pieds une paire de chaussettes digne de ce nom. Une paire de bleues ou une paire de noires, mais une paire. Une simple chaussette en plus permet donc aux mathématiques de triompher de la loi de Murphy. Combien de chaussettes faut-il pour faire une paire ? Trois pour sûr[1] ».

La « loi de Murphy » n'a rien d'une équation mathématique. C'est un simple adage, qui veut que quand ça commence à aller mal, tout va continuer à aller mal, et que le pauvre Rob ne va pas trouver sa paire de chaussettes. Cela est amusant mais on frôle l'arnaque intellectuelle, du moins la promesse mensongère. Car pour que trois chaussettes fassent une paire à coup sûr, il faut que Rob n'ait dans son tiroir que des chaussettes bleues et noires, de même style. Et surtout, on n'apprend rien sur les chaussettes.

Par ailleurs, l'exemple donné est assez mal choisi et peu représentatif de la vie quotidienne. En effet, seules quelques catégories de ménages possèdent des tiroirs à chaussettes dans lesquels celles-ci ne sont pas regroupées par paire après lavage, en petites boules deux par deux ou simplement accolées : il s'agit d'hommes célibataires généralement jeunes ou quelquefois plus tardifs. Le seul apport de connaissance donné par cet exemple porte donc sur la vie privée de Rob lui-même. Son tiroir à chaussettes a parlé.

Cependant, cet exemple d'un tiroir à chaussettes contenant deux paires différentes a peut-être inspiré un collectif de psychologues expérimentaux, qui l'a repris pour étudier comment différents groupes (dont un groupe de collégiens et un groupe de mathématiciens) qualifiaient le fait de tomber sur la bonne chaussette – car contrairement à ce que dit Rob Eastaway, trois ne sont pas obligatoirement nécessaires, on peut tomber directement sur la paire bleue ou la paire noire[2]. Il faut préciser qu'un bandeau a été placé sur les yeux des tireurs de chaussettes pour que le choix se fasse véritablement à l'aveugle. Comment diable Rob peut-il tomber « invariablement » sur la mauvaise chaussette alors qu'il peut les voir ? Les mathématiciens ont parlé de « probabilité ». Les collégiens, par contre, ont dit qu'ils avaient de la chance. Car eux, sans doute, comme Rob, sont confrontés à un tiroir pas très bien rangé.

Les chaussettes du professeur Bertlmann

Reinhold Bertlmann aurait pu donner des idées à Rob pour faciliter sa vie quotidienne. C'est un spécialiste de physique des particules, la tête perchée dans les nuages de la théorie quantique. Cependant, au niveau des pieds, qu'il a bien sur terre, il a une curieuse habitude vestimentaire (que nous retrouverons chez quelques artistes et intellectuels anticonformistes) : il porte ostensiblement des chaussettes dépareillées, de couleurs vives mais très différentes, accrochant le regard de ses collègues. Notamment de John

Bell, qu'il retrouve en 1978 au CERN à Genève, pour travailler ensemble sur la décohérence des systèmes quantiques et les anomalies dans la théorie quantique des champs.

Nous voici donc partis bien loin de notre modeste chaussette, dans un univers de complexité maîtrisé seulement par une poignée de chercheurs, qui s'interrogent notamment sur l'hypothèse de noyaux de réalité dans des océans d'incertitudes. Une question intéressante, mais qui nécessite d'avoir quelques informations sur les polémiques passionnées qui agitent la physique quantique. Pourquoi me direz-vous ? Parce qu'en 1981 John Bell publie un article qui va vite devenir célèbre et alimenter des débats fiévreux : « *Bertlmann's socks and the nature of reality* » (« Les chaussettes de Bertlmann et la nature de la réalité[3] »). Ainsi les chaussettes dépareillées du collègue de John Bell lui permettaient-elles de proposer une avancée décisive sur la compréhension de la nature de la réalité, un des plus grands mystères du monde ! Je ne pouvais évidemment pas faire l'impasse.

Pendant plusieurs jours, j'ai tenté de décrypter le paradoxe Einstein-Podolsky-Rosen, le principe d'incertitude de Heisenberg, ou les variables cachées dans les superpositions quantiques. Je n'ai réussi qu'à accentuer la brume épaisse qui envahissait mon pauvre cerveau, et à ressentir une forte migraine. À ressentir de l'angoisse aussi. Car j'ai encore en mémoire le livre de Alan Sokal et Jean Bricmont dénonçant les « impostures intellectuelles[4] » de ces chercheurs en sciences humaines osant s'aventurer dans le monde des « vraies sciences » et lançant des spéculations hasardeuses faisant rire les spécialistes. Eux seuls savent, et ne considèrent pas les sciences humaines comme des sciences. Ils les appellent parfois les « sciences molles ».

Alors comment faire ? Serais-je condamné à ne pouvoir me renseigner sur cette proposition palpitante selon laquelle les chaussettes du professeur Bertlmann permettraient de comprendre la nature de la réalité ? Autant tirer un trait sur mon projet d'écrire un livre révélant le secret des chaussettes.

La vie est parfois faite de hasards étonnants. Car ce même Jean Bricmont qui, du haut de sa science, m'intimide comme un maître d'école du XIXe siècle et m'empêche de lancer mes propres hypothèses, est par ailleurs lui-même physicien, et a participé à la fameuse polémique en écrivant sur les chaussettes du professeur Bertlmann[5]. J'ai donc trouvé le moyen de me sortir de cette impasse, et je vais le citer ici, sans commentaire, ou très peu, pour éviter de me faire épingler. À vous de vous débrouiller avec cela (le lecteur, lui, a tous les droits, il peut rêver ou lancer des hypothèses comme bon lui semble).

Une chaussette rouge et bleue à la fois

« Le problème est que la branche du dilemme qu'Einstein considérait comme absurde, l'existence d'actions à distance, est en fait vraie. Pour expliquer cela, nous utiliserons l'histoire, due à Bell, des chaussettes de Mr Bertlmann. Mr Bertlmann est un scientifique qui porte toujours des chaussettes de couleurs différentes, particularité qui a inspiré à John Bell le titre et le début d'un de ses articles les plus célèbres. Si on regarde une des chaussettes de Mr Bertlmann et que l'on voit qu'elle est rose, on sait immédiatement que l'autre n'est pas rose. Comme le dit Bell, cela n'a en soi rien de mystérieux. Mais supposons maintenant que les chaussettes soient, comme le chat de Schrödinger, dans des états superposés[6]. »

À ce point, où un chat s'ajoute aux chaussettes pour rendre très compliqué ce qui pourrait nous sembler simple, je me sens obligé d'introduire, avec beaucoup de prudence, quelques précisions. Le chat de Schrödinger est encore plus connu que les chaussettes de Mr Bertlmann dans les débats de la physique théorique, pour montrer l'écart entre une réalité observable, et l'autre réalité qui est dévoilée par une vision quantique. Notamment, dans les « états superposés », qui permettent de dire qu'un chat est à la fois mort et vivant, ou que les chaussettes du professeur Bertlmann sont de la même couleur.

Reprenant la question des chaussettes, Jean Bricmont préfère renverser la proposition initiale de John Bell. Sans le dire méchamment, il pense que ce dernier a pris un très mauvais exemple, et que celui des chaussettes de monsieur-tout-le-monde serait bien meilleur. Ce monsieur-tout-le-monde a des chaussettes de même couleur ; quand on voit une chaussette rouge, on sait que l'autre est rouge, quand on voit une chaussette bleue, on sait que l'autre est bleue. Sauf, bien sûr, dans la théorie quantique des états superposés.

« Imaginons donc des chaussettes dans un état quantique superposé où elles seraient "à la fois" rouges et bleues. Mais, et c'est pour cela que l'on introduit des chaussettes, les deux chaussettes sont, comme on dit, "corrélées", c'est-à-dire qu'elles ont toutes deux la même couleur (sauf pour Mr Bertlmann, mais mettons ce cas particulier de côté). L'état superposé est donc de la forme suivante : les deux chaussettes sont *à la fois* toutes les deux rouges *et* toutes les deux bleues, mais jamais l'une rouge et l'autre bleue[7]. »

Vous avez compris ? Non ? Ce n'est pas grave, vous restez comme moi au niveau d'une réalité tangible et observable où une chaussette est rouge ou bleue mais pas les deux à la fois. La discussion qui suit cependant (et dont je vous épargne la complexité) est du plus grand sérieux pour tenter de révéler le caractère incomplet de la théorie quantique. Et dans cette démonstration, la notion de quantités conjuguées par paires est essentielle. D'où l'exemple évident des chaussettes et le titre de John Bell. Car rien n'est plus évident qu'une paire de chaussettes, rien n'est plus évident que le fait que les chaussettes aillent toujours par paires, si parfaitement assorties que la chaussette du pied gauche semble exactement la même que celle du pied droit.

Bell toutefois a pris pour exemple celui, saugrenu, des chaussettes dépareillées de son collègue Bertlmann. Nous comprendrons pourquoi un peu plus loin, quand j'aurai expliqué l'« effet irruptif » de la chaussette. Mais pour le moment, ce qu'il convient de noter, c'est que les physiciens, même s'ils ont abondamment parlé de chaussettes dans leurs polémiques théoriques, ne l'ont en fait utilisée que comme un prétexte. Jean Bricmont le reconnaît d'ailleurs volontiers. « Bien sûr, le rôle des chaussettes est ici métaphorique, mais il existe des expériences faites sur des paires de particules, telles que photons ou (en principe) électrons, dont les états quantiques sont à la fois superposés et corrélés et qui exhibent ces corrélations parfaites[8]. » La particule à la fois rouge et bleue, qui devient rouge sous les effets d'une mesure provoque la même transformation à distance de l'autre particule, qui n'est pourtant pas mesurée.

Dans le monde très ordinaire de la vie de tous les jours, ce serait un rêve. Alors que l'on a souvent beaucoup de mal à reconstituer les paires, il suffirait de toucher une chaussette rouge pour que l'autre devienne rouge à son tour. Hélas, nous ne vivons pas dans une réalité quantique, et il faut donc trouver l'autre chaussette rouge, remuer ciel et terre, s'agacer contre ces maudites chaussettes qui refusent de faire la paire.

Bref, le voyage entre protons et neutrons dans lequel je vous ai entraîné ne nous a rien appris sur la chaussette, jetée comme une vieille guenille dès que les démonstrations de physique pure prenaient leur envol. Une fausse piste typique donc, comme il en existe beaucoup d'autres quand la chaussette est annoncée en titre avec tambours et trompettes. Je suis désolé si je vous ai fait perdre votre temps. Vous aurez au moins appris que certains physiciens ne sont pas monsieur-tout-le-monde concernant les chaussettes et aiment faire preuve d'originalité. Einstein lui-même n'en portait jamais – ce qui faisait beaucoup rire sur le campus de son université.

« Pas de chaussette, pas d'amour »

Continuons notre voyage. Dans une contrée intellectuelle très différente : les études sur la sexualité, où la chaussette n'est pas prise comme un simple prétexte mais interrogée en elle-même (bien qu'il s'agisse surtout de ses dimensions symboliques ou métaphoriques), ce qui promet au moins que nous ne nous engagerons pas dans une fausse piste, une pure spéculation intellectuelle.

Elle se rapporte à la sexualité dans des configurations très diverses. Parfois, il s'agit de simples glissements de significations ou d'évocations allusives. La chaussette est polysémique, d'autant que son évocation fait rire et renvoie à l'idée d'une banalité inoffensive. On ne se méfie pas de la chaussette. C'est ainsi par exemple que beaucoup de jeunes, pour qui leur téléphone portable est aussi important que la prunelle de leurs yeux, ont pris l'habitude de le protéger dans un étui, qu'ils appellent communément « chaussette ». Étui + protection = chaussette. Ce qui a donné l'idée à une équipe menant des actions de prévention dans le domaine de la sexualité des jeunes de lancer le programme *No sock, no love*, en jouant sur l'assimilation du préservatif à la chaussette du téléphone.

« Notre réflexion a cheminé pour les accompagner, les aider à prendre soin de leur corps, de leur sexualité, d'où l'idée de concevoir un objet lié au téléphone portable, une chaussette dans laquelle les jeunes rangeraient leur portable et dans laquelle ils trouveraient un préservatif. *Sock* signifie chaussette en anglais. Et c'est par le mot "chaussette" que les jeunes désignent leur étui de portable. Pour nous, la référence à la chaussette renvoie pudiquement à ce qu'elle contient, au préservatif, donc à la protection. "*No sock, no love*" est un slogan clair et facile à retenir, qui signifie que, sans protection, il n'y a pas d'intimité possible[9]. » Pas d'amour sans chaussette, donc.

Mais au-delà des glissements sémantiques, si l'assimilation de la chaussette à la sexualité est tellement aisée, c'est que dans les tréfonds de notre mentalité collective quelque chose nous dit vaguement qu'il doit y avoir un lien entre les deux. Un quelque chose alimenté notamment par Freud en personne, il y a plus d'un siècle. Freud n'a pas écrit un livre entier sur la chaussette. Comme John Bell en physique, il s'est contenté d'une remarque, mais comme John Bell également, cette remarque est rapidement devenue culte et a été reprise en boucle par la suite. Les chaussettes de Freud connaissent aussi leur quart d'heure de célébrité.

Ou plus exactement, les chaussettes des patients suivis par deux de ses collègues viennois, Rudolf Reitler et Victor Tausk. Le patient de Reitler, dans un geste obsessionnel et compulsif, ne cessait d'enfiler et de retirer ses chaussettes. Celui de Tausk, songeur, restait un temps infini à étirer les siennes avant de les mettre, fixant l'élargissement des mailles. Le diagnostic du docteur Freud fut imparable : le pied était le symbole du pénis, et le patient de Reitler simulait la masturbation. Quant au patient de Tausk, « au moment d'enfiler ses chaussettes, il était par exemple troublé par l'idée qu'il fallait qu'il étire les mailles, autrement dit les trous du tricot, et chaque trou formait pour lui le symbole du sexe féminin[10] ». La chaussette que l'on enfile évoquait le pénis, et la chaussette trouée le vagin.

Tout peut devenir très sexuel dans la chaussette. Après avoir lu Freud, Agnès, blogueuse nantaise, en est toute retournée. « Désormais, lorsque j'ouvre mon tiroir à chaussettes j'ai l'impression de faire une chose essentiellement cochonne, avec tous ces objets sexuels étalés, là[11]. »

Le fétichisme de la chaussette

N'oublions pas que nous nous situons ici au niveau de la symbolisation, la chaussette n'est pas un objet sexuel en tant que telle. Il en va différemment pour le fétichiste, qui se fixe sur l'objet *stricto sensu* au centre de ses obsessions. Pour les fétichistes des chaussettes, rien ne compte plus au monde que cet objet sacré. Car il existe des fétichistes des chaussettes, un peu moins nombreux que ceux vénérant les pieds ou les chaussures (le fétichisme le plus répandu), leurs proches cousins, mais qui n'en constituent pas moins un bataillon notable.

« Pourquoi le fétichisme des chaussures et des chaussettes féminines est si répandu ? » s'interroge un spécialiste. L'explication se trouverait dans la symbolisation freudienne. Tout y est dit, il n'y a rien à ajouter[12]. Mais une observation attentive révèle à quel point l'objet physique est vénéré dans ses particularités. Avec, pour chaque fétichiste, ses petites préférences secrètes. Qui, les chaussettes trouées, qui, les chaussettes sales, qui, les chaussettes qui puent. Je ne pensais pas que l'enquête allait m'entraîner dans cet univers étrange où ce qui habituellement fait hurler la ménagère se transforme ici en jouissance et volupté.

Mais c'est une des caractéristiques de la chaussette, que nous comprendrons mieux au fil de la lecture : elle se retourne fréquemment en son contraire, et surprend par ce retournement. Voyez par exemple ce que raconte ce fétichiste sur un forum de discussion : « Bonjour à toutes et à tous. Depuis tout petit, je suis attiré par les chaussettes des autres et leur odeur. Dès que quelqu'un les enlève, j'essaye toujours de les prendre discrétos et ensuite… hmmm… en me faisant du bien. Depuis septembre, je vais régulièrement chez une femme qui me laisse sentir ses chaussettes en l'embrassant aussi et lui faire des câlins. C'est une superbe rencontre. Je suis ouvert aux hommes aussi. Je ne recherche pas le passage à l'acte. Mais passer un vrai bon moment dans les bras de la personne tout en m'occupant de ses chaussettes. Et en l'embrassant. Pour l'odeur je n'attends pas une forte odeur mais juste celle de la personne[13]. »

Quand, malgré tous vos efforts, vous ne retrouvez pas une chaussette et que sa disparition inexpliquée vous agace, dites-vous qu'un fétichiste est peut-être passé par là et l'a discrètement dérobée pour assouvir ses pulsions. Certains cependant n'osent pas voler ou ne savent pas comment faire (rappelons qu'une chaussette neuve, non portée, n'a aucun intérêt, un fétichiste ne saurait acheter ses objets de fantasmes en boutique).

La demande potentielle de chaussettes usagées a ainsi créé un véritable business – ce qui a donné une idée à Roxy Sykes, une Anglaise de 33 ans, qui affirme gagner 115 000 euros par an en vendant ses chaussettes usées à des fétichistes[14]. Elle poste des photos de ses chaussettes sur les réseaux sociaux, et les propose à la vente. Comptez en moyenne 23 euros pour une paire de chaussettes ayant été portées. Son affaire marche si bien qu'elle a embauché d'autres modèles souhaitant entrer dans l'industrie du fétichisme de la chaussette. À l'heure où la production des chaussettes bascule massivement vers la Chine, et où nous réfléchissons aux possibilités de relocalisation industrielle, il y a là peut-être une piste intéressante pour le ministère de l'Économie…

Mais tout n'est pas rose dans l'univers du fétichisme des chaussettes. La première réaction est d'en rire mais certains fétichistes ont des penchants qui n'ont rien d'amusant. Ils ne sont guère attirés par l'usage solitaire de l'objet (encore moins par les odeurs). Non, ce qui les intéresse est la fraîcheur des jeunes filles, voire de très jeunes filles. Nous entrons là dans un domaine extrêmement problématique, qui évite souvent la qualification de délit pédophile pour la simple et bonne raison que la chaussette rassure et amuse. Comme d'habitude.

Voyez ce fait divers rapporté par les médias locaux : « Le fétichiste des chaussettes a récidivé à Dijon[15]. » Une petite fille de 12 ans rentrait chez elle à vélo, des chaussettes *Hello Kitty* aux pieds. L'agresseur, lui-même à vélo, la double et menace de la frapper si elle ne lui donne pas sur-le-champ ses chaussettes. La fillette s'exécute, choquée. « Quand elle m'a rapporté les faits, j'ai d'abord souri, je me suis dit "c'est une blague" » déclare le père de la victime, avant de se reprendre fermement en considérant la gravité des événements. « Pour nous c'est d'abord une agression et pour notre fille aussi. Elle ne comprend pas pourquoi il lui a demandé ses chaussettes[16]. » La police a perquisitionné chez lui et découvert six paires de chaussettes de petites filles dans ses tiroirs.

La chaussette ne doit pas toujours faire rire, des crimes peuvent être commis en son nom.

Souvenir d'enfance

Il y aurait sans doute encore beaucoup à dire sur les extrapolations sexuelles de la chaussette, mais je m'arrête là car il nous faut poursuivre notre chemin, vers d'autres secrets. Après les mathématiques, la physique, la psychanalyse, il est temps maintenant de voir comment la philosophie s'est interrogée sur la chaussette. Nous commencerons avec Walter Benjamin.

Les intellectuels ayant réfléchi sur la chaussette sont généralement partis d'une expérience personnelle qui avait attiré leur attention. John Bell avait été frappé par les chaussettes dépareillées de son collègue ; Hegel, nous le verrons, était plutôt préoccupé par le problème des chaussettes trouées (sans aucune connotation sexuelle, rien à voir avec Freud) ; Walter Benjamin, quant à lui, se remémore un souvenir d'enfance qui l'avait profondément marqué[17]. Il se souvient des moments de contemplation et de manipulation interminables qu'il aimait à passer face au tiroir à chaussettes, s'amusant à défaire et refaire les paires repliées en petites boules (Rob Eastaway aurait dû lire Walter Benjamin pour vaincre à coup sûr la loi de Murphy !). Il s'agissait pour lui d'un jeu, irrésistiblement attirant, dégageant des sensations agréables, mais qui lui donnait aussi, déjà, matière à penser. Les rudiments de certains de ses futurs concepts philosophiques avaient commencé à se former là, sans qu'il le sache encore, face au tiroir à chaussettes.

L'idée qu'il expérimentait était celle d'une opposition entre deux phénomènes, réunis par un même terme (chaussettes[18]), mais s'opposant par le seul fait de déplier ou replier l'objet. « Aucun plaisir ne surpassait à mes yeux celui de plonger ma main aussi profondément que possible à l'intérieur. Et pas seulement à cause de la chaleur laineuse de cette petite pochette. C'était "l'apporté-avec" que je tenais dans ma main à l'intérieur enroulé qui m'attirait ainsi dans les profondeurs[19]. » La petite boule, qu'il pouvait agréablement prendre dans la main, apparaissait comme une totalité parfaite, renfermant un secret, une autre réalité, qu'il pouvait découvrir en la dépliant. « C'est le geste de défaire la boule qui dévoile sa magie, et en même temps la détruit[20]. » Car l'unité de la forme et du contenu, la totalité, ont alors disparu.

Cette expérience fondatrice lui permettra de souligner la difficulté de la critique littéraire, qui, en faisant son nécessaire travail d'analyse dans une fragmentation sans fin, détruit l'unité qui offrait une autre entrée dans le texte. Plus largement encore, ce jeu d'enfance avec les chaussettes est transformé en métaphore critique de la démarche déconstructionniste des Lumières et de Kant en particulier, et trace les lignes d'un programme visant à l'élaboration « d'un concept supérieur de connaissance qui puisse inclure la dimension à la fois religieuse et historique de l'expérience[21] ».

Dans la scène du tiroir à chaussettes, « la religion correspondrait au moment où l'enfant plonge la main dans la boule de laine et éprouve son mystère – celui du rassemblement ou de la liaison de forme et du contenu – tandis que l'histoire est ce qui reste à la fin du jeu quand, après avoir essayé inutilement d'enlever "l'apporté-avec" de son sac, il se retrouve avec la simple paire de chaussettes[22] ».

À l'heure où il est permis de s'interroger sur « l'échec de la rationalité occidentale[23] », qui se perd dans les sables d'une hyperspécialisation aveugle quand elle n'abandonne pas tout le pouvoir à la dictature vide de sens des algorithmes, la réflexion de Walter Benjamin s'avère de la plus brûlante actualité. Mais comment retrouver un savoir qui maintienne une unité de sens, la magie de la petite boule de chaussettes repliées, tout en déroulant la démarche analytique ? Le philosophe rêve d'une mystique profane qui puisse se conjuguer à l'implication historique.

Un siècle avant lui, Friedrich Heinrich Jacobi, se posant la même question, avait une réponse différente : seule une perception transcendantale peut éviter la dérive vers la froidure d'un rationalisme étroit. Et, incroyable mais vrai, que fait Jacobi pour développer ses arguments ? Un siècle donc avant Benjamin, dans une lettre critique adressée à Fichte, lui aussi prend l'exemple de la chaussette[24] ! Nul souvenir d'enfance pour Jacobi, pas de tiroir à chaussettes. En ce début de XIXe siècle où les chaussettes sont encore tricotées par les ménagères, c'est l'image du fil sur lequel on tire qui le frappe. Ce fil qui, si l'on n'y prend garde, peut totalement détricoter la chaussette, réduire son être au néant. Le rationalisme étroit conduit au nihilisme comme le fil détricote la chaussette. La chaussette intronisée dans la splendeur d'une réalité quasi transcendantale face au néant, voici qui a fière allure et la sauve de son médiocre ordinaire !

La chaussette trouée de Hegel

Je dois avouer être un peu déçu malgré tout. Bien que la chaussette sorte de son anonymat pour être arborée à l'avant-scène de somptueuses polémiques philosophiques, on n'en apprend guère plus sur elle. Comme en mathématique, et comme en physique quantique, son destin s'avère en philosophie très paradoxal : après avoir donné matière à penser, on l'oublie, on la laisse tomber tel un oripeau devenu inutile. Je ne dirais pas que la philosophie ne sait pas remettre les pieds sur terre, car telle n'est pas sa vocation. Mais si les chaussettes donnent matière à penser, c'est peut-être qu'elles ont des choses à dire par elles-mêmes, pas seulement en étant utilisées comme métaphores. Après toutes ces envolées sublimes, il faudrait pouvoir revenir aux chaussettes, et les interroger armés de ces concepts sophistiqués.

Hegel va nous y aider. Lui aussi a philosophé sur les chaussettes, d'une manière très dialectique bien entendu. Lui aussi, hélas, a fini par les oublier dans le cours de sa brillante démonstration. Mais à la différence de ce qui précède, toutes ces idées parties des chaussettes qui n'y sont pas revenues, le corpus théorique qui ressort de ses réflexions pourra être utilisé avec efficacité pour commencer à élucider leur mystère. Hegel avait fait les premiers pas dans cette direction sans le savoir.

Venons-en aux faits. Pour Hegel, pas de chaussette qu'on détricote, pas de souvenir d'enfance, de tiroir à chaussettes, de chaussettes dépareillées d'un collègue : ce qui l'intéresse, ce sont les chaussettes trouées. J'ai mené l'enquête pour tenter de découvrir d'où lui était venu cet intérêt. D'une observation, d'une expérience personnelle ? Quel rapport Hegel entretenait-il avec ses chaussettes ? Quels problèmes lui posaient-elles ? Malgré mes efforts, je n'ai rien découvert. L'ordinaire de la vie quotidienne des grands hommes reste souvent dans l'ombre, encore plus quand il s'agit du banal dans ce qu'il a de plus banal – et il n'y a rien de plus banal qu'une chaussette.

J'en suis donc réduit à laisser libre cours à mon imagination. Hegel sans doute a-t-il vu parfois se former des trous dans ses chaussettes. Après tout, cela peut arriver à tout le monde, y compris aux esprits les plus brillants. C'est un petit événement désagréable certes, mais pas trop grave tant que la chose reste cachée. Cependant, pour Hegel, ce fut une révélation. Le désagrément fut très vite oublié, remplacé par l'exaltation de la découverte qu'il venait de faire : la chaussette ne parvenait à l'existence, à la pleine conscience du sujet pensant la portant à son pied, que parce qu'elle était trouée.

La phrase de Hegel sur les chaussettes (comme d'autres phrases sur les chaussettes) est devenue célèbre et désormais connue sous le nom d'*aphorisme de Iéna* : « Une chaussette reprisée vaut mieux qu'une chaussette déchirée, il n'en va pas ainsi de la conscience de soi[25]. » Car la conscience de soi naît d'une déchirure, qui incite au cogito et à la création d'une nouvelle unité. Paradoxalement, la déchirure forme la pensée de la chaussette dans la conscience alors que la chaussette reprisée la fait disparaître.

En 1968, Heidegger ouvrira un séminaire, qu'il tenait en France, par le commentaire de la phrase de Hegel[26]. La conscience de soi spontanée impliquée dans les objets de la vie quotidienne est tentée d'inverser l'aphorisme, en accord avec le sens commun : mieux vaut une chaussette reprisée qu'une chaussette trouée. Mais pour Hegel, la problématique centrale de la philosophie moderne est la pensée dialectique-réflexive qui ouvre sur une conscience de soi d'un niveau supérieur. Le trou implique d'entrer dans le cogito et de réfléchir à la chaussette ; il met en mouvement une dialectique intellectuelle tout en faisant apparaître la chaussette à la pleine conscience.

On peut penser que Hegel ne reprisait pas lui-même ses chaussettes et que la femme qui se chargeait de cette besogne était moins ravie que lui par ce cogito. Mais ce qu'il faut retenir d'essentiel tient en ceci : la chaussette émerge à la conscience quand elle sort de la banalité, de l'ordinaire. Elle n'émerge à la conscience *que* lorsqu'elle sort de la banalité, de l'ordinaire. C'est une des clés de son mystère.

2.

Banales et moquées

La construction sociale de la banalité

Comment un objet entre-t-il dans la banalité ? Comment les gestes qui le manipulent deviennent-ils insignifiants, automatiques, impensés ? On pourrait croire que cet objet est insignifiant et banal en lui-même. Or il n'en est rien. Le banal résulte d'un processus de construction extraordinairement complexe et précis. Un objet n'est jamais banal en lui-même, c'est la mécanique sociale qui le fabrique ainsi. La chaussette aurait pu avoir une tout autre destinée.

Tout commence par la construction, plus large, de la réalité sociale. Qui, elle non plus, n'est pas un donné objectif (ou seulement en partie), mais résulte de transactions permanentes pour définir des consensus. Ces consensus déterminent ce qui est « normal » et ce qui ne l'est pas, normalité qui progressivement se transforme en évidence communément partagée, donc en réalité.

Nous sommes d'accord, par exemple, pour dire que rouler à gauche en France, c'est criminel ou insensé. On doit rouler à droite, point ! Telle est la réalité. Or, il s'agit d'une convention, le résultat de débats anciens, et il suffit de franchir la Manche pour inverser le sens. Nous sommes d'accord pour dire qu'il faut éviter les excès de sucre et de graisses dans notre alimentation, et qu'il faut manger des légumes verts et des fruits. Pourtant, il y a un peu plus d'un siècle, les consignes médicales étaient exactement à l'opposé (il fallait manger du sucre et des graisses, éviter les légumes verts[1]). De tels débats continuent à avoir lieu chaque jour, nous impliquant tous, sur une infinité de sujets les plus divers. La crise du Covid-19 a même été l'occasion d'une intensification du processus, avec des changements de réglementation et des variations permanentes de ce qui était normal et de ce qui ne l'était pas (comment porter son masque, qu'est-ce qu'un commerce essentiel ?). Ce qui nous apparaît évident a été en fait fabriqué de telle manière que cela *devienne* évident, indiscutablement vrai, assurément réel.

Les sociologues Peter Berger et Thomas Luckmann ont analysé avec précision ce processus de construction sociale de la réalité[2]. Ils distinguent deux niveaux. Le plus visible, ouvertement débattu, débouchant sur des règlements ou des convictions partagées. Et une couche profonde, plus discrète, mais produisant une réalité plus dure et incontestable ; celle qui touche aux gestes les plus simples et les plus ordinaires de la vie personnelle. « Parmi les réalités multiples, on en trouve une qui se présente elle-même comme la réalité par excellence. C'est la réalité de la vie quotidienne. Sa position privilégiée lui donne le droit de porter le nom de réalité souveraine. » Elle « s'impose à la conscience d'une manière extrêmement massive, urgente et intense[3] ».

À l'intérieur de cette vie quotidienne, il est possible de distinguer encore des couches plus ou moins denses. Tout au fond se trouve le banal, qui n'accroche jamais le regard, et qui devient parfaitement invisible. Cette discrétion ne doit pas tromper, car c'est justement ce qui le rend plus fort. À mesure qu'on l'oublie, il se fait encore plus évident, le socle fondateur d'autres réalités plus friables.

Hegel a tort sur ce point. Certes la chaussette trouée donne accès au cogito. Mais que pèse le cogito d'une personne face à l'immense processus de construction sociale de la réalité ? Le poids infime d'idées légères comme le vent. La banalité, elle, a la densité du plomb. La chaussette ordinaire fonde les bases de notre civilisation.

Posez la question épistémologique de la chaussette au petit enfant, celui qui fait ses premiers apprentissages. Mettre des chaussures s'avère une épreuve pas si compliquée ; il suffit de reconnaître la gauche et la droite. Mais enfiler correctement des chaussettes exige des mois et des mois d'expérimentations laborieuses. Cela demande de la dextérité. En effet, le talon est rarement à sa place.

« Au départ, il sera un peu maladroit et sera certainement agacé de ne pas encore y arriver tout seul, mais encouragez-le[4]. » Pendant toute cette période, l'enfant ne rêve que de se libérer du cogito hégelien : son rêve est de faire disparaître la chaussette dans l'ordinaire anodin des automatismes qui rendent la vie plus facile. On devient grand en renvoyant la chaussette dans la banalité ordinaire, l'insignifiant fondateur.

Faut-il repasser les chaussettes ?

Quand, pour une raison ou une autre, la chaussette sort de l'oubli, elle crée instantanément un effet de surprise, provoquant des décharges émotionnelles ; agacements, colères ou rires. L'effet est beaucoup plus fort que pour un autre objet, qui ne serait pas aussi profondément enfoui dans la banalité ; on ne s'attendait pas du tout à voir la chaussette occuper une place de premier plan dans ses pensées. Et l'on cherche avec impatience à la renvoyer dans l'invisibilité, à la remettre à sa place.

La place des chaussettes est d'ailleurs une question très intéressante. Elles doivent se situer à un endroit fixé, dans l'ordre des choses qui régit la vie quotidienne, et elles doivent le faire de façon impérative, évitant à l'individu d'avoir le moindre doute, ce qui n'est pas toujours simple (excepté quand elles sont aux pieds) car elles occupent plusieurs places selon les circonstances (sales dans un tas ou négligemment abandonnées par terre, dans le lave-linge, sur un fil pour sécher, dans un tas de linge propre en attente de repassage, rangées dans un tiroir). D'où le drame quand une chaussette a perdu sa jumelle, contraignant à un effort mental particulièrement insupportable.

L'idéal ménager de toute chaussette est de ne jamais déclencher le cogito. Dans le rangement, en étant toujours à « sa place ». Et dans le travail de remise au propre après son usage. Quand une chaussette devient-elle sale ? Le rêve est de décider en une fraction de seconde, sans être envahi par les hésitations. Pour les uns, grâce à une routine implacable (après chaque utilisation, tous les soirs, par exemple).

Pour les autres, en utilisant un indicateur olfactif basé sur un test très simple : il suffit de sentir la chaussette. Une fois envoyée au lavage, elle ne doit pas perdre son double dans la machine. Et après séchage (doit-on les étendre scrupuleusement par paires ? Chacun ses principes, l'important étant de ne pas les remettre en cause) se pose la question du repassage. Repasser les chaussettes ? Mais vous n'y pensez pas ! Quelle idée saugrenue me direz-vous peut-être. Mais attendez, attendez, il faut que je précise certaines choses.

Ce qui doit être ou non repassé n'est pas une question publiquement débattue et ne débouche donc pas sur un consensus dans la construction sociale de la réalité. Chacun a sa propre vérité, sa réalité secrète rien qu'à lui, avec des variations considérables d'une famille à l'autre. Je l'avais constaté dans une enquête sur les pratiques ménagères[5]. Ici on repassait tout, là on ne repassait rien, et quand le choix était intermédiaire, ce n'étaient pas les mêmes pièces de linge qui étaient repassées.

Lorsque je demandais à une personne pourquoi elle repassait les torchons ou les chaussettes, elle me répondait sans argumenter davantage : « Parce que c'est comme ça ! » Mon interlocuteur sentait en lui une évidence incorporée, qui déclenchait des automatismes gestuels, sans avoir à y penser. « C'est comme ça ! » Et remettre en cause ces certitudes fondatrices de l'ordre des choses aurait pu ébranler tout l'édifice de sa personnalité.

D'ailleurs, quand je répétais ma question (« Mais pourquoi c'est comme ça ? »), on me répliquait à la seconde d'une voix sèche : « C'est comme ça parce que c'est comme ça ! » Passez votre route, monsieur l'enquêteur, posez-moi des questions sur tout ce que vous voulez, le sexe ou l'argent, mais il est des choses qui doivent rester secrètes, parce que secrètes à moi-même. Si je repasse les chaussettes, je dois en ignorer la raison.

Certains vêtements sont plus repassés que d'autres, les chemises par exemple. (Quoi qu'il existe bien des manières de faire, j'avais notamment rencontré des femmes – ce sont en très grande majorité elles qui repassent – qui n'allaient pas en dessous de la ceinture). Les chaussettes, à l'inverse, font souvent partie des articles qui passent directement du séchage au rangement. Il reste cependant une belle proportion de personnes qui les repassent, mais qui, étant minoritaires, se trouvent confrontées, lors de discussions ou de rencontres diverses, à des remises en cause de leurs évidences fondatrices. « Tu repasses les chaussettes ? Non, tu rigoles ! Mais pourquoi tu fais ça ? » La pauvre repasseuse montrée du doigt cherche alors désespérément des arguments qui n'existent pas. « Je ne sais pas, c'est comme ça. »

Patricia avait connu ce petit drame des moqueries et critiques dissolvant son évidence. Elles provenaient régulièrement de son mari, vaguement honteux d'en faire si peu à la maison, et qui trouvait à se déculpabiliser ainsi. « Il me disait : "T'es ridicule, les chaussettes, tu peux les plier". » Elle était entrée dans une zone de turbulences mentales, et repasser les chaussettes lui devenait de plus en plus pénible à force de penser qu'elle pourrait peut-être s'en dispenser. Elle avait perdu sa sérénité ancienne, quand elle se posait d'autant moins de questions que son système était radical : elle repassait tout. « Avant je repassais tout : slips, chaussettes, tout, tout ! » Elle ne s'était jamais interrogée, et avait installé ses critères d'action sans même s'en rendre compte, à l'adolescence. « C'était un truc de famille, parce que j'ai toujours vu ma mère faire ça. [...] Quand elle vient maintenant, elle est malade que je ne repasse pas les chaussettes ! » Après avoir longtemps résisté à son mari, elle mène donc la guerre des chaussettes contre sa maman, elle-même fragilisée par ce soudain changement d'alliance dans la famille. Mais elle le jure, elle ne reviendra jamais en arrière, elle a l'impression d'avoir progressé dans la vie, d'être devenue plus légère. Il faut savoir parfois se libérer des chaussettes...

Le sac et la chaussette

La chaussette n'est pas seule à être enfouie dans le profond silence de la banalité. Elle est accompagnée par des cohortes de casseroles et de balais, ou de pantoufles dont on ne remarque parfois même plus qu'elles commencent à fatiguer. Elle se singularise toutefois par sa banalité extrême dans la catégorie des vêtements et accessoires, qui souvent ont une autre vie, plus éclatante, composant l'image de soi que l'on offre aux regards. Prenez le sac à main[6]. D'une certaine façon, il s'enfonce lui aussi dans l'inconscient ordinaire qui le transforme en extension de soi. L'idéal alors est que la conscience soit totalement libérée par les routines les plus ordinaires. D'où l'agacement quand on plonge la main pour trouver ses clés ou son téléphone et que ce qui devait être simple devient compliqué.

Jane est d'autant plus énervée qu'elle revit régulièrement la même scène dans le train. « Je suis la première à trouver ça ridicule ces femmes excitées qui retournent toute leur marchandise dans tous les sens pendant que leur téléphone sonne et re-sonne sans cesse. Je me dis qu'elles sont nulles. Et puis vient mon tour et c'est exactement la même chose. Ça sonne, ça sonne, je m'énerve, je sors tout sans trouver ce maudit téléphone, comme s'il faisait exprès de se planquer. Et je me dis que tout le monde est en train de se dire que je suis nulle. C'est nul ! »

Mais le sac à main, à la différence de la chaussette, possède une autre vie, très différente. À l'inverse de l'oubli dans la banalité, il peut parfois éblouir les pensées et les rêves, dégager des émotions vibrantes. Lorsque l'on s'admire en sa compagnie dans le miroir par exemple, ou à l'occasion de la première rencontre avec lui. Zoé avait choisi comme pseudo le nom de son sac pour me raconter son histoire. « Mon sac, c'est une histoire d'amour, une véritable rencontre. Ce sac gris "Zoé la fée", je l'ai rêvé, je l'ai admiré des mois durant sur un site de vente en ligne. 180 euros pour l'objet de mes délires… Puis j'ai oublié. Mais oublié comme on oublie un premier amour… juste rangé dans un coin de ma tête. Et puis, un dimanche d'octobre, au détour d'une brocante, je l'ai vu ! Traînant par terre dans un carton à côté d'un monticule de pompes esquintées. J'ai tiré sur la sangle en chiffon décoloré. Et là… on s'est reconnus ! "10 euros" m'a dit la vendeuse. J'ai dégainé le billet plus vite que Lucky Luke, et c'est les joues fumantes que je suis repartie serrant sur mon cœur ce trésor ! » Ce n'est pas une chaussette qui aurait déclenché un tel éclat d'amour fou.

La chaussette ne se montre que rarement, discrètement, toute son existence ou presque est vouée à se faire oublier. Elle est l'illustration de ce qu'il y a de plus banal dans la banalité. Et quand elle a le bonheur d'apparaître, de faire un pas vers l'univers glorieux des valeurs et des symboles, c'est immédiatement pour être stigmatisée, cataloguée dans ce qu'il y a de plus bas et méprisable. Bien que déclenchant le cogito, la chaussette trouée de Hegel est pénible au pied et honteuse à montrer. La chaussette semble accumuler toutes les vilenies. Elle agace quand on ne trouve pas son double, elle horripile quand le mari les laisse traîner au milieu du salon en rentrant du travail, et, je suis désolé de le dire mais il faut le dire, parfois elle pue.

Je me souviens de cette très vieille dame. Je faisais une enquête sur la première nuit d'amour. Pour elle, les faits s'étaient produits il y a bien longtemps, au soir de son mariage, mais ses souvenirs étaient particulièrement précis. Pas au sujet des émotions, des sentiments, de la découverte du sexe, des angoisses et des ravissements. Non, à propos des chaussettes. Quand son tout nouvel époux les avait retirées. Et qu'elle avait été violemment surprise par l'odeur. « Ah ! Je me suis dit, qu'est-ce qu'il sent fort des pieds ! » Pour le meilleur et pour le pire, sa vie entière devrait faire avec ces chaussettes problématiques.

La chaussette du Christ

La chaussette est en bas, tout en bas. C'est déjà sa place ordinaire, objectivement, puisqu'elle se porte au pied. Mais également du point de vue symbolique ; il n'y a guère plus méprisable qu'une chaussette.

Dans notre société qui se voudrait égalitaire (et qui ne l'est en fait pas du tout), les gens se saluent volontiers par une bise sur les joues. Mais dans les siècles passés, les baisers de salutation conduisaient à poser les lèvres sur différentes parties du corps selon la position sociale de chacun. Les égaux (par exemple les chevaliers du Moyen Âge) se saluaient dans certaines occasions par un baiser sur la bouche[7]. Mais plus l'écart social était important, plus le subalterne devait s'incliner et viser bas : la poitrine, la main, le genou, et enfin, comble de la subordination absolue, le pied.

Pendant des siècles de civilisation chrétienne, une véritable cartographie symbolique va imprégner les esprits en regard des différentes parties du corps. Au plus haut des valeurs, au plus près de la pureté de la vérité et de la lumière, est la bouche du pape, d'où sortent les paroles divines. Au plus vil, au plus ignominieux, le diable, et encore pire, son derrière. La bouche du pape et le cul du diable (le terme n'est pas vulgaire à l'époque, c'est celui qui est employé) semblent traverser l'univers du sens. Mais il y a encore plus bas que le derrière, moins abject certes, mais plus méprisable peut-être de par son absence absolue d'intérêt ; le pied. Il n'y avait pas plus bas que le pied dans l'ordre du monde.

Le pied est dédaigné, et quand par un concours de circonstances la chaussette pourrait remonter à la lumière, on s'évertue à la renvoyer dans l'ombre. Rien ne l'illustre mieux que le mystère de la disparition de la chaussette du Christ. « Selon la tradition chrétienne, le *mandylion* était le linge avec lequel, sur le chemin du Golgotha, une sainte femme nommée Véronique ou Bérénice aurait essuyé le visage en sueur de Jésus, dont l'image serait dès lors demeurée imprégnée sur l'étoffe[8]. » Cette précieuse relique fut conservée à Constantinople puis à la Sainte-Chapelle de Paris avant de disparaître au cours des pillages de la Révolution française. Or, selon le célèbre *Livre des voyages* de l'érudit ottoman Evliyâ Çelebi, il existait à son époque une seconde relique de Jésus, dans la même ville (Urfa) où avait été trouvée la première. Non pas l'empreinte du visage, mais une « sainte chaussette[9] ».

S'agissait-il précisément de la chaussette de Jésus ? Ou bien plutôt n'était-ce pas une enveloppe de laine tricotée ayant protégé l'empreinte d'un pas du Christ ? L'enquête reste ouverte. Mais l'important n'est pas là. Il est que la chaussette (ou ce qui faisait penser à une chaussette) ait disparu par la suite. Les seules reliques pour lesquelles on se battait en légitimité concernaient l'ensemble du corps ou le visage. « Sauf erreur, il n'existe pas de relique du Christ qui serait une chaussette. La raison essentielle est que les reliques correspondent matériellement aux vêtements et attributs des portraits et peintures. Or le Christ est toujours représenté pieds nus puisqu'il est saint. La chaussette n'est pas un indice de sainteté[10]. »

Dans quelques cas, le pied ne s'en sortait pas trop mal. « En revanche, dans ce qui touchait aux pieds, les Byzantins vénéraient les sandales de Jésus ainsi que le linge et/ou les serviettes avec lequel/lesquelles Jésus avait essuyé les pieds de ses disciples, de même que, bien sûr, le bassin du lavement des pieds[11]. » Mais pas la chaussette, jamais. Elle se situe à l'opposé absolu du divin.

La faute des sans-culottes

Quand elle parvient à sortir de l'ombre, le triste destin de la chaussette est d'être stigmatisée. D'une façon tellement évidente et consensuelle que les expressions et proverbes ne cherchent même pas à s'en expliquer. Le café est insipide comme un « jus de chaussette » ; on perd goût à la vie, « le moral dans les chaussettes » et on abandonne un ami « comme une vieille chaussette ».

Mais il n'en fut pas toujours ainsi. Il y a longtemps, les chaussettes étaient mieux considérées. Elles eurent même leur heure de gloire. Notamment au Moyen Âge et à la Renaissance chez les hommes, quand elles étaient encore des chausses, galbant la jambe entière, jusqu'au pourpoint où elles étaient fixées, ou bien à la courte culotte bouffante, aux braies à ruban de Louis XIV. À vrai dire, à l'époque, il était difficile de les différencier des bas, et quand les chausses étaient tissées finement dans des étoffes rares comme la soie, elles étaient plutôt assimilables à ces derniers – elles portaient d'ailleurs le nom de « bas-de-chausses ». Les chausses peuvent donc être considérées comme les ancêtres à la fois des bas et des chaussettes. Ce qu'il faut retenir est qu'elles étaient fièrement affichées et agissaient en instruments de distinction sociale, comme le reste des vêtements d'apparat. Une belle chausse classait son homme.

Cette période de gloire va se terminer brutalement avec la Révolution française. Les sans-culottes n'abolissent pas seulement les privilèges, ils révolutionnent aussi les garde-robes. Finis les culottes à dentelle et les bas de soie de l'aristocratie.

Très modernes et pionniers dans leurs goûts, ils imposent le pantalon et la carmagnole (veste courte). La cheville et le pied se trouvant soudain démunis, la chaussette, la vraie, s'imposa alors comme une évidence. En même temps qu'elle s'enfonçait, à jamais, dans l'ombre de la banalité discrète.

Et elle s'y enfoncera de plus en plus avec le temps. Quand les chaussettes étaient tricotées à la main, les façonnières pouvaient modestement avoir la fierté de la belle ouvrage, y compris quand elles se contentaient humblement de les ravauder. Et le petit nombre des chaussettes possédées leur conférait encore une certaine valeur. L'industrialisation de la chaussette, qui libéra les femmes de cette assignation ménagère, fit disparaître progressivement ce reliquat d'attention porté à la chaussette. Au début, elles gardèrent un peu de leur grandeur. Quand en 1862, la société Doré-Doré lance la marque DD, bas et chaussette sont encore sur un pied d'égalité. Mais avec le début de la publicité au XXe siècle, les bas vont rapidement marginaliser les chaussettes, y compris « les bas pour ecclésiastiques et pour vélocipédistes », qui ont l'honneur d'être portés à l'affiche[12]. Pas les chaussettes, de moins en moins.

Désormais, à l'heure où elles sont jetées à la moindre esquisse de trou, leur importance se mesure au prix dérisoire de leur fabrication de masse en Asie. C'est là d'ailleurs qu'elles conservent encore parfois un minimum de popularité. À Yiyang en Chine par exemple, où depuis un siècle la ville est spécialisée dans la fabrication des chaussettes (destinées au début uniquement à être vendues aux Occidentaux[13]). La vie des familles en dépend et celles-ci y sont donc très attachées. À force d'acharnement, plusieurs anciennes ouvrières sont aujourd'hui des dirigeantes d'entreprises, montant dans la hiérarchie sociale grâce à leur maîtrise de la chaussette. En de tels très rares endroits à l'autre bout du monde, elle reste précieuse et remplit les pensées.

Les chaussettes connectées Netflix

En France, que le regard se tourne vers sa production, sa commercialisation ou son usage par les particuliers, elle n'est plus, ordinairement, qu'insignifiance. Ou victime de stigmatisation quand elle présente le moindre défaut. Et lorsqu'elle a l'audace de se montrer, la chaussette déclenche tout un écheveau de réactions négatives, assez diverses si on les détaille avec précision. Dans l'ordre des sensations les plus physiques et pénibles, les saletés et odeurs répugnantes peuvent ainsi entraîner jusqu'au dégoût, à la nausée, et, de fil en aiguille, au rejet de la personne entière. « Je ne vais quand même pas dire que je divorcerais à cause de ses chaussettes, nous confie Mélusine (qui préfère que son vrai prénom ne soit pas publié ; la question est sensible !), mais il faut dire quand même que c'est vraiment infect. Je ne sais pas comment il se débrouille, mais elles sont même collantes quand je les ramasse. Car c'est le problème en plus, c'est à moi de les ramasser. Franchement, quand on parle de tue-l'amour… » Au-delà des odeurs, la proximité avec le sol peut aussi, quelquefois, crisper des personnes psychologiquement fragiles gagnées par une maniaquerie hygiéniste extrême. Comme ces malades victimes de troubles obsessionnels compulsifs qui ne peuvent toucher leurs chaussettes[14].

La plupart du temps toutefois, le stigmate renvoie à la raillerie, au mépris, au rabaissement du supposé coupable, pour faute de goût ou infériorité sociale. Étrange et triste destin de la chaussette, objectivement fixée au plus bas de l'anatomie humaine, symboliquement rejetée au plus bas de la hiérarchie des valeurs, et qui, lorsqu'elle est utilisée dans les luttes de distinction sociale, sert à rabaisser encore. La mauvaise chaussette essentialise tout ce qui tire vers le bas.

Quand, exceptionnellement, elles tentent un mouvement vers le haut, une sorte de fatalité tragique les fait retomber. Voyez les chaussettes connectées. Par la magie de cette innovation technologique, la chaussette pensait avoir brillamment retourné le stigmate et pouvoir se prétendre icône du futur. Chaussettes connectées mesurant la cadence du jogging, ou chaussettes connectées Netflix pour visionner des séries, affalé dans son canapé. « Surfant sur la tendance des objets et vêtements connectés, Netflix a eu l'idée de mettre en ligne un tutoriel pour disposer de chaussettes connectées aux couleurs des séries TV du network, de *House of Cards* à *Orange Is the New Black*, en passant par *Narcos*, *Daredevil* ou encore *Bloodline*[15]. »

À ce look très tendance s'ajoute une fonctionnalité cruciale dans notre modernité tardive : ne pas perdre un épisode d'une série. « Ces chaussettes du futur sont idéales pour détecter si la personne est assoupie ou pas. Basées sur le principe de "l'homme mort", ces nouveaux objets connectés sont capables de déceler l'immobilité durable d'une personne, signe de son assoupissement et de transmettre un signal à son téléviseur pour stopper le déroulement de sa série préférée. Lorsque la personne se réveillera, elle pourra reprendre le cours normal de son épisode sans rien perdre de son déroulement ni de son dénouement. On n'arrête décidément pas le progrès[16] ! »

Hélas, trois fois hélas, cette magnifique invention, qui aurait pu révolutionner l'image de la chaussette, arrive au moment même où la suspicion monte de toutes parts face aux objets connectés, accusés de nous espionner et de piller nos données personnelles. Voulez-vous que Netflix sache tout de vous ? Ne préférez-vous pas somnoler tranquillement avec de bonnes vieilles chaussettes tire-bouchonnées pas du tout tendance ? L'avenir est parfois au repli sur des valeurs sûres. Au risque de condamner la chaussette qui se voulait plus haute que son état naturel.

Voyez également les chaussettes au nano-argent. De l'argent ! Un métal précieux. Pas aussi précieux que l'or, mais précieux quand même. Et précieux pour éliminer ces satanées odeurs, les nanoparticules d'argent ayant par ailleurs un pouvoir bactéricide. Désinfectant et désodorisant ; ne serait-ce pas le bonheur pour une chaussette, propulsée de plus à la pointe de la modernité technologique ? Hélas, cette autre invention, qui aurait pu révolutionner l'image de la chaussette, a très vite été dénoncée pour ses graves effets toxiques sur l'environnement au moment du lavage. « Les experts de l'AFSSET[17] avaient calculé que si seulement 10 % des chaussettes vendues en France contenaient du nano-argent, 18 tonnes seraient rejetées chaque année dans les eaux superficielles[18]. » Mieux valait conserver les banales chaussettes d'antan.

Voyez enfin la géniale invention de chercheurs britanniques et italiens qui ont trouvé le moyen de faire produire de l'électricité grâce à nos chaussettes par le simple mouvement de la marche. Hélas, la pile à bactéries astucieusement placée au cœur du mécanisme est alimentée par une petite poche d'urine[19]. De l'urine dans nos chaussettes ! Il ne manquerait plus que cela pour porter leur stigmatisation à son comble !

Quand la vie se raccroche aux chaussettes

Quand elles obtiennent (rarement) quelques quarts d'heure de célébrité, les chaussettes ne tardent pas à replonger dans l'anonymat, ou, pire encore, à sombrer dans les tréfonds de la marginalisation sociale. Car au plus bas du plus bas, la chaussette peut se transformer en marqueur objectif de l'exclusion. Il ne s'agit plus alors des simples méchancetés conflictuelles de la stigmatisation (quand on se moque des chaussettes d'autrui pour renforcer la propre estime de soi). Car, en deçà d'un certain degré d'effondrement social, qui expulse aux limites de l'humanité légitime, la bonne tenue de la chaussette devient tragiquement un des derniers instruments de résistance. Par sa dégradation, elle marque la perte de la dignité, et de l'espoir d'une reconnaissance par autrui. L'individu menacé de déchéance sait qu'il a définitivement tout perdu quand il abandonne le sort de ses chaussettes, il sait qu'il ne s'en relèvera plus.

Commençons par le bout de l'horreur, l'inimaginable – j'ose à peine publier ces lignes – quand l'abandon de soi est total dans la dérive sociale. Le psychanalyste Patrick Declerck a enquêté sur les situations extrêmes de clochards vivant dans la rue. Certains ne retiraient plus leurs chaussettes pendant des mois, ce qui pouvait provoquer des effets somatiques gravissimes. Par exemple, « la chaussette qui fait littéralement partie de la peau, ou l'élastique de la chaussette qui a sectionné tous les muscles et le chirurgien le retrouve contre le tibia[20] ». Cas très rares bien sûr, il faut le préciser. Mais qui donnent la mesure du risque, et expliquent pourquoi le retour vers la vie peut commencer par la chaussette. Dans certaines circonstances ultimes, elle prend la forme d'un combat existentiel.

Tous ceux qui ont vécu une séquence de vie précaire le savent bien ; dans les conditions les plus difficiles, il est essentiel de savoir s'organiser pour laver son linge. Ce qui paraît simple quand on est établi en famille (il suffit de les mettre dans la machine) devient alors une vraie guerre mobilisant des ressources physiques et intellectuelles complexes. L'expérience de cette soudaine difficulté est déjà perceptible pour des personnes qui ne sont pas en risque de relégation sociale, mais simplement hors de leur foyer habituel, dans un habitat rudimentaire. Randonneurs au long cours, ou militants zadistes de Notre-Dame-des-Landes les jours de pluie. Pour ces derniers, se regrouper autour d'un poêle à bois était essentiel pour faire sécher les chaussettes[21]. Les succès de la lutte passaient aussi par cette capacité d'organisation ménagère.

Mais cela n'est rien comparé aux situations d'extrême précarité, durable et subie. Celles notamment des migrants qui se lancent dans l'aventure, frôlant la mort, du franchissement des frontières et des océans. Leur vie est ramassée dans un tout petit bagage où le superflu est banni ; leur trésor se résume à un caleçon, de quoi se raser et une paire de chaussettes[22]. Parfois la place manque même pour cette paire de rechange, et il faut donc parvenir à s'organiser avec celle que l'on porte aux pieds, alors que venu du Sud, l'on s'apprête à affronter les grands froids.

L'adversité attaque par les pieds. Certaines associations d'aide aux migrants l'ont bien compris, comme le groupe *Socks for refugees*, qui collecte notamment des chaussettes dépareillées ayant perdu leur double. « Pour les réfugiés qui ont besoin d'avoir les pieds au sec, ce n'est pas très grave. Il faut juste qu'ils aient chaud. » La distribution est parfois accompagnée d'un petit mot. « Les chaussettes d'amour. Cela leur fera chaud au cœur[23]. » Chaud au pied et chaud au cœur, la chaleur humaine remonte depuis le bas.

Le combat des exilés de l'humanité est double quand ils résistent par les chaussettes. Le premier est matériel, objectif, organisationnel. Ils doivent vaincre la saleté malgré les conditions hostiles, imaginer des tactiques ménagères improbables, parvenir à se donner les apparences de la normalité. Mais cela ne suffit pas, et ici les chaussettes dépareillées, pourtant propres et chaudes, de *Socks for refugees* peuvent poser problème. Car le processus de distinction sociale, qui est d'une violence inouïe pour les plus fragiles d'entre nous, est prompt à débusquer le moindre défaut ou supposé tel. Le simple avachissement d'une chaussette, la couleur un peu délavée, ou pire peut-être, passée de mode, déclenchent le ricanement intérieur, la moquerie hautaine, le contentement méprisant de la supériorité de classe. Le pauvre qui, au terme d'efforts admirables, réussit à afficher des chaussettes qu'il pense honnêtes, est remis à sa place par le relevé de détails qui le ramènent vers le bas.

Voyez comme Balzac fait parler les objets dans *Les Illusions perdues*. Sous le regard (et du point de vue) de Lucien de Rubempré, qui ignore comment s'est démené Étienne Lousteau pour que ses chaussettes ne soient pas dans un état pire encore. « Là cette misère était sinistre. Un lit en noyer, sans rideaux, au bas duquel grimaçait un méchant tapis d'occasion ; aux fenêtres des rideaux jaunis par la fumée d'une cheminée qui n'allait pas et par celle du cigare ; sur la cheminée, une lampe Carcel donnée par Florine et encore échappée au Mont-de-Piété ; puis, une commode d'acajou terni, une table chargée de papiers, deux ou trois plumes ébouriffées là-dessus, pas d'autres livres que ceux apportés la veille ou pendant la journée : tel était le mobilier de cette chambre dénuée d'objets de valeur, mais qui offrait un ignoble assemblage de mauvaises bottes bâillant dans un coin, de vieilles chaussettes à l'état de dentelle. » Notez bien qu'en comparaison de la simple pauvreté du décor – acajou terni et rideaux jaunis – les vieilles chaussettes ont droit au qualificatif d'« ignoble ». Rien n'est pire pour déclasser que des chaussettes.

Le jugement extérieur a une fâcheuse tendance à ignorer les efforts de l'individu pour donner dignité à ses chaussettes, leur état apparemment médiocre ne rendant pas justice à tout ce qu'il lui a fallu accomplir pour que la situation ne soit pas davantage problématique. Les travailleurs sociaux intervenant auprès des populations précarisées le savent, il ne suffit pas de fournir des vêtements, il faut étudier avec subtilité dans quel système relationnel et de construction de l'estime de soi s'inscrit la personne.

Voyez cet exemple d'un groupe d'aide médico-psychologique (AMP). « Les participants du groupe AMP échangent autour d'un cas présenté par l'une de leurs collègues, celui d'un enfant en internat qui n'a pas de chaussettes de rechange et dont la mère ne répond pas à la demande réitérée qui lui est faite de pallier ce manque[24]. » Doivent-ils ou non acheter des chaussettes pour éviter que l'enfant soit pieds nus en hiver ? Mais ne serait-ce pas alors « s'exposer au risque de heurter la mère de l'enfant qui peut voir d'un mauvais œil cette substitution de responsabilité[25] » ? Qui peut se sentir elle-même stigmatisée. Ils vont creuser la question avant de décider.

Odile, elle, rêvait de chaussettes mais rêvait plus haut. Son dénuement social, ses perturbations psychologiques, l'impression de se sentir perdue dans ce monde, l'avaient poussée à faire une fixation obsessionnelle sur les chaussettes sportives de marque. Chacun cherche à se raccrocher à quelque chose. Elle n'avait pas les moyens de se les offrir, et tenta donc plusieurs fois d'en voler dans un supermarché. Et plusieurs fois elle se fit prendre. Récidive donc, ce qui signifie lourde peine, même pour des chaussettes. L'avocat Jean-Yves Moyart, alias Maître Mô, croque son portrait lors de son procès. « Elle est assise avec les autres sur son banc, prostrée, le regard vide et la bouche ouverte, son vêtement de pluie jaune vif et trop grand pour elle boutonné jusqu'au cou, tache de couleur dans l'océan de bleu des gendarmes des escortes, qui attire immédiatement le regard ; elle est beaucoup trop frêle, beaucoup trop jeune, beaucoup trop absente, beaucoup trop menottée ; on se dit d'emblée qu'elle ne devrait pas être ici[26]. » Elle a été condamnée à deux ans de prison, pour une paire de chaussettes à 9,50 euros…

Un peu de culture

Les chaussettes prennent une importance inversement proportionnelle à la position sociale : plus on se situe bas, plus elles s'élèvent dans la hiérarchie des rêves. Les puissants ne peuvent imaginer que de simples chaussettes (ou leur absence, leur dégradation) puissent envahir les pensées et provoquer des émotions intenses. Ces situations de dénuement offrent à la littérature l'occasion exceptionnelle de les mettre en avant. Un des plus beaux exemples est donné par le roman de Vauro Senesi, *La scatola dei calzini perduti* (« La boîte de chaussettes perdues[27] »). Nous suivons Madut, un enfant africain, qui se voit offrir une impensable paire de chaussettes en vue d'un aussi impensable voyage à Rome pour rencontrer le pape. Il n'a rien d'un émigrant ou d'un réfugié, mais par une suite de hasards se retrouve bientôt seul et de plus en plus démuni dans la ville inconnue. Ses chaussettes, hier exotiques et incongrues, lui deviennent de plus en plus indispensables. Hélas, il vit dans la rue et elles se salissent affreusement. Plus que par la faim qui le tenaille, il est obsédé par leur nettoyage. Quand un jour il récolte quelques pièces, il entre dans une laverie qui affiche « Petit lavage : 3 euros ». Il ne possède pas cette somme mais demande si son pauvre pécule sera suffisant pour laver sa seule paire de chaussettes. Le gérant découvre alors un univers mental qui le sidère et prend Madut en pitié, lui offrant gîte, nourriture (et lavage des vêtements, bien sûr) contre un travail de nettoyage de la laverie.

Dans ce nouveau monde étrange, Madut va accentuer encore son obsession pour les chaussettes, devenant spécialiste de la récupération des chaussettes oubliées, qu'il range amoureusement et répertorie dans une boîte. Dans l'attente de pouvoir remettre ce trésor à un de ceux qui l'ont perdu. Quand un jour, enfin, cette occasion se présente, elle provoque un véritable choc des cultures et beaucoup d'incompréhensions. Le bénéficiaire remercie Madut avec un sourire de surprise qui se transforme bientôt en éclat de rire impossible à retenir, un rire d'une violence inouïe pour Madut, soudain fragilisé dans son adoration pour les chaussettes, qui avait quelque chose d'une quête sacrée.

Mais pour un roman qui place les chaussettes au cœur de l'intrigue, combien d'autres qui les ignorent ! C'est pire d'ailleurs dans le domaine de la peinture ou de la sculpture. Les arts et les lettres accentuent encore la relégation que vit la chaussette dans la vie courante. Elle n'est pas digne de figurer au panthéon des œuvres qui se veulent imposantes, elle risquerait d'entacher leur réputation. Martine Boyer-Weinmann et Denis Reynaud[28] ont tenté de dresser le bilan de leurs apparitions en littérature. Et leur récolte, sans surprise, est décevante. Elles sont certes brièvement citées, ici ou là, mais comme un simple élément dans le décor, le signe mineur d'une allure ou d'un caractère. Ainsi, dans *À l'ombre des jeunes filles en fleurs*, quand le baron de Charlus, par les fines rayures très distinguées de ses chaussettes, révèle le souci d'élégance et d'excentricité qu'il ne veut pourtant pas afficher dans le reste de sa tenue[29].

Visitez le Louvre ou le Metropolitan Museum, c'est à peine si vous pourrez entrevoir un soupçon de chaussette dans un recoin discret. Ou alors il s'agit d'écoles particulières comme le pop art, qui s'ingénie à brandir l'ordinaire. Et encore ! Pas de chaussette chez Andy Warhol*. Même là où elle aurait pu obtenir sa revanche, elle semble avoir été oubliée. Rares sont ceux, comme Robert Rauschenberg, qui font exception. Devenu célèbre par ses « combines », collages d'objets de la vie courante, il avait une prédilection pour les chaussettes (sans doute en raison de l'effet provoqué par leur irruption saugrenue contrastant avec leur ombre habituelle) comme l'exprime la formule qu'il aimait répéter : « Une paire de chaussettes convient tout autant pour faire un tableau que de la peinture à l'huile[30]. »

Elle s'voyait déjà tout en haut de l'affiche

Le cinéma ? La chanson ? Même absence de la chaussette, au mieux reléguée dans les marges, tapie en arrière-plan. Ou soudain machiavéliquement mise en avant de façon incompréhensible et éphémère pour déclencher le rire ou piquer la

* Par une inversion dont la chaussette est coutumière, les chaussettes à l'effigie d'Andy Warhol ou représentant ses objets fétiches connaissent aujourd'hui un succès impressionnant. Warhol avait oublié la chaussette mais la chaussette ne l'a pas oublié.

curiosité. Ainsi le film *Chaussette surprise*, qui ne parle pratiquement pas de chaussettes (excepté en dessin sur l'affiche). Son réalisateur, Jean-François Davy, aurait souhaité l'appeler *Clopin Clopant* (une première affiche était sortie avec ce titre), qui aurait exprimé un élément objectif du contenu, puisqu'il met en scène trois blessés. Mais la production a sans doute considéré que ce film au burlesque surréaliste et inclassable serait desservi par un titre trop descriptif. Quelqu'un a eu une idée de dernière minute : la chaussette s'avérait idéale pour faire diversion et créer un énigmatique brouillage de sens.

Ignorée en tant que personnage principal ou même comme second rôle, il n'est pas rare que la chaussette soit ainsi propulsée en titre sans raison ni explication. Ce procédé est encore pire et plus révélateur que la simple absence pour illustrer le peu de considération dont jouit la chaussette dans le monde des arts et des lettres. Elle est tellement vue comme ridicule et sans intérêt que le seul fait de la mettre en haut de l'affiche produit l'événement.

Comme *Clopin Clopant* devenu par surprise *Chaussette surprise*, le groupe de rock constitué autour d'Eddy Mitchell, Les Five Rocks, découvrit un jour, en 1961, en écoutant « Salut les Copains » sur Europe 1, qu'un nouveau nom lui avait été donné sans qu'il fût au courant :

Les Chaussettes Noires. « On a appris qu'on s'appelait comme ça parce qu'Eddie Barclay avait noué un sponsoring avec les chaussettes Stem pour deux ans. C'était marrant... et ridicule, mais on ne réalisait pas tellement. On voulait juste faire connaître Gene Vincent[31]. » Pour honorer le contrat de partenariat, ils reçurent chacun dix paires de chaussettes. Eddie Barclay, leur producteur, n'avait pas seulement pensé à créer une communication disruptive. Également propriétaire de La Lainière de Roubaix, qui fabriquait les chaussettes Stem, il trouvait également son intérêt (bien au-delà de dix paires de chaussettes) dans ce stratagème. Pauvre chaussette !

Il faut toujours se méfier quand on l'annonce en titre avec emphase (excepté pour le livre que vous avez entre les mains, bien sûr !). Voyez *Le Secret de la manufacture de chaussettes inusables* d'Annie Barrows, qui avait écrit avec Mary Ann Shaffer le best-seller *Le Cercle littéraire des amateurs d'épluchures de patates*. La chaussette comme équivalent des épluchures de patates, on voit l'idée. Hélas, notre malheureuse héroïne n'a évidemment qu'une présence négligeable dans l'intrigue. Et nous apprenons de surcroît que le titre original, *The Truth According to Us*, ignorait totalement l'effet-chaussette, improvisé à l'instinct par l'éditeur français.

Mieux vaut encore qu'elle soit cantonnée à un rôle de figuration, résumée à des détails, au détour d'une phrase ou d'une mélodie. Qu'elle apparaisse en star minuscule et insolite dans le décor, accrochant le regard par sa blancheur associée à des mocassins noirs pour Michael Jackson, voire exubérante et flamboyante aux pieds de Stromae sur scène*. Ou traitée sous l'angle du divertissement (la chaussette qui rétrécit au lavage) comme dans la chanson anglaise *The Shrinking Song*, écrite par Ogden Nash :

Trop tôt vous apprenez l'horrible vérité
Vos chaussettes en laine ne peuvent être portées
À moins qu'un enfant nain ne soit né.

Seuls les enfants prennent la chaussette au sérieux

Il faut chercher, chercher et chercher encore, pour trouver quelques passages où la chaussette, enfin, sans être délibérément au centre de tout un livre comme dans *La scatola dei calzini perduti*, n'en occupe pas moins une place digne d'intérêt. Dans le roman de Mathieu Lindon[32], *La Littérature*,

* Le chanteur commercialise par ailleurs sa ligne de vêtements où les chaussettes occupent une place de choix et connaissent un fort succès de vente.

par exemple, dans lequel un éminent écrivain, accompagné d'un étudiant admirateur de son œuvre, se lance dans un dialogue équivoque où de hautes spéculations intellectuelles sont ramenées à des réalités plus terre à terre par l'intrusion inopinée et récurrentes des chaussettes. Ainsi dans cet extrait :

« Ça me fait plaisir de vous offrir des chaussettes. Vous vous souviendrez de moi à chaque fois que vous les enfilerez, tâchez de ne pas les trouer trop rapidement.
– Merci beaucoup. Mais je pense tout le temps à vous grâce à vos livres de toute façon.
– Des chaussettes, c'est plus personnel. »

Pour Milan Kundera[33], dans *L'Insoutenable Légèreté de l'être*, les choses sont plus simples et directes : la chaussette est utilisée au cœur de l'intrigue, en vue d'exercer une vengeance conjugale. Vexée par le fait que Tomas ait regardé sa montre pendant qu'ils faisaient l'amour, Sabrina avait caché une de ses chaussettes.

« Qu'est-ce que tu cherches, demanda-t-elle ?
– Une chaussette. »
Elle inspecta la pièce avec lui, puis il se remit à quatre pattes et recommença à chercher sous la table.

« Il n'y a pas de chaussette ici, dit Sabrina. Tu ne l'avais certainement pas en arrivant. – Comment je ne l'avais pas ! s'écria Tomas en regardant sa montre. Je ne suis certainement pas venu avec une seule chaussette ! – Ce n'est pas exclu. Tu es follement distrait depuis quelque temps. Tu es toujours pressé, tu regardes ta montre, alors ça n'a rien d'étonnant que tu oublies de mettre une chaussette. »

Dernier exemple, et pas le moindre, emprunté au cinéma : la scène magnifique du film *Maudie* où Maud et Everett, dans une danse lente et poétique, évoquent le croisement étrange de leurs parcours si différents par une allégorie qui pour une fois ne méprise nullement la chaussette : « Nous sommes une paire de chaussettes dépareillées. » Une paire dépareillée qui soude une union indestructible. La chaussette comme symbole d'amour... elle est rarement à une telle fête ! Les chaussettes dépareillées font aussi une apparition remarquable dans *La Fureur de vivre*, qui rendit célèbre James Dean, en s'affichant comme un symbole d'insolence et de révolte[34]. La contestation de la rigidité vestimentaire illustrée par James Dean s'est ensuite développée dans les années 1960, mais pas la révolte des chaussettes dépareillées. Qui reste à accomplir.

Aussi intéressants que soient ces extraits, on conviendra cependant que notre moisson est assez pauvre. Pour l'essentiel, le monde adulte des arts et des lettres ignore la chaussette. Mais le monde adulte seulement. Car il suffit de basculer vers la littérature enfantine pour découvrir un tout autre univers, où la chaussette, espiègle, joyeuse et colorée, est omniprésente et joue les premiers rôles. Quand elle fait rire, ce n'est nullement un rire de dérision. Il n'y a aucun mépris, on ne se moque pas de la chaussette, elle est prise au sérieux. Peut-être parce que dans les premières années de la vie, elle représente quelque chose de vraiment important. Puis, petit à petit, elle va connaître une lente relégation vers les arrière-caves ricanantes ou honteuses.

Analyser cette abondante production littéraire nécessiterait tout un livre, je me contenterai donc de donner quelques titres, sans les ranger (comme c'est souvent le cas dans un tiroir à chaussettes). *La Chaussette verte de Lisette* de Catharina Valckx ; *Le lutin qui volait les chaussettes* de Jean-Baptiste Rabouan, Jean-Louis Fetjaine et Sandrine Rabouan ; *Monsieur et madame chaussette* de Daniel Zimmermann ; *Je suis une chaussette* de Sandrine Kao ; *Le chevalier qui cherchait ses chaussettes* de Christian Oster ; *Chaussettes* de Lynda Corazza ; *La Chaussette jaune* d'Hélène Riff ; *Billy, le roi des chaussettes* de Susie Morgenstern, etc. Que les (nombreux) auteurs non cités me pardonnent.

Un dernier titre enfin, *La fabuleuse histoire des chaussettes de l'archiduchesse*, d'Orianne Lallemand et Elodie Coudray. Parce que les chaussettes intriguent les enfants et les font rire, mais aussi, leur donnent du fil à retordre, quand il s'agit de les mettre bien sûr, mais aussi tout simplement pour prononcer leur nom. « Les chaussettes de l'archiduchesse sont archi sèches » sont un des virelangues (ces expressions difficiles à prononcer devenant exercices de diction) qui ont le plus de succès. L'enfant franchit une étape décisive dans ses apprentissages quand il parvient à prononcer correctement le mot « chaussette ».

Avec une petite dose de magie, la gloire des chaussettes peut se prolonger à l'adolescence, jusqu'à devenir instrument majeur d'émancipation comme dans *Harry Potter*. Dobby, elfe de maison, est assujetti aux méchants Malefoy. Tel est le triste lot des elfes de maison. « Ils sont tenus en esclavage, Monsieur, et Dobby ne peut être libéré que si ses maîtres lui offrent des vêtements. Aussi, la famille fait bien attention de ne rien donner à Dobby, pas même une chaussette, Monsieur, car alors, il serait libre de quitter à tout jamais la maison[35]. » Dans le tome 2, Harry Potter glisse un journal dans une chaussette, Lucius Malefoy arrache la chaussette qui tombe aux pieds de Dobby, ce qui peut être assimilé au don libérateur ; et la vie de ce dernier bascule vers une autre destinée. Les chaussettes reviendront dans les tomes suivants, notamment sous forme de cadeaux entre Harry et Dobby. Et une fois le livre refermé, la magie des chaussettes continue à opérer. Quand des fans découvrent un Dobby prisonnier à l'exposition Harry Potter des studios Warner Bros de Londres, ils se mobilisent pour venir déposer des chaussettes[36].

Les adultes, organisateurs de l'exposition, avaient ignoré les chaussettes. D'ailleurs, la plupart du temps, ils les ignorent (ou rêvent de pouvoir les ignorer), et lorsqu'ils en parlent c'est pour les tourner en ridicule et les moquer. Comme dans la phrase devenue culte criée par Louis de Funès dans *Le Gendarme de Saint-Tropez* : « Fougasse ! Vos chaussettes ! »

Le double langage du rire

Dès qu'une chaussette sort de son invisibilité habituelle, il est fréquent qu'elle déclenche l'hilarité. Parfois un rire franc et honnête, sans arrière-pensées, voire gentil. Car, en théorie du moins, on n'a rien contre les chaussettes. Mais parfois au contraire, un rire sournois et méchant, cachant des poignards que l'on plante en plein cœur.

Du bon côté des choses, rire aux dépens de ses propres chaussettes peut être utilisé comme un stratagème astucieux. Voyez cette expérience de travail social. « Le rire est un bien précieux qui se partage et qui se donne sans rien attendre en retour. Le rire ne se monnaye pas, le rire est un don de soi. C'est une libération émotionnelle qui produit un effet cathartique et qui permet d'apaiser les tensions. Ainsi, le jour où un travailleur social est invité à entrer dans l'intimité d'une famille (dans son lieu d'habitation) afin d'aborder les difficultés éducatives des parents, il est parfois bienvenu d'ôter ses chaussures au risque de perdre de sa prestance, mais au bénéfice de ne pas souiller un lieu respecté par une famille attachée à des croyances culturelles. Et se rendre compte que sa chaussette est trouée permet de créer une diversion bienvenue. Ainsi la chaussette permettra de détourner les parents de leurs objets de préoccupations habituelles et deviendra un objet symbolique de stimulus. La chaussette trouée permet ainsi d'apaiser l'anxiété, voire l'hostilité des parents face à cette intrusion et leur permet de restaurer en partie une certaine confiance en soi. Non pas parce que la chaussette est trouée et qu'elle prête à rire mais parce qu'un moment partagé de plaisanterie crée du lien[37]. »

Malheureusement, cela n'est possible que si le maître du rire se tourne lui-même en dérision et contrôle parfaitement les opérations. Dès que la chaussette visée est celle d'autrui, le risque de dérapage vers la stigmatisation est irrésistible. Et le pire alors est que le rire ne fasse qu'accentuer la violence de l'attaque, quelles qu'aient pu être les bonnes intentions des rieurs. Rappelez-vous des chaussettes de Bérégovoy.

Les chaussettes de Bérégovoy

Le 3 avril 1993, Pierre Bérégovoy n'est plus Premier ministre. Il « s'installe seul au zinc du Bourbon, ce bistrot situé en face de l'Assemblée nationale ». Ses anciens amis le boudent. « Quatre semaines plus tard, de cette solitude, l'ex-Premier ministre va mourir : à 18 h 15, le 1er mai, il se tire une balle dans la tête avec le Magnum 357 de son garde du corps[38]. » Victime de la rumeur, qui le suspectait de malversations, il avait été ébranlé par l'effondrement de la reconnaissance dont il jouissait jusque-là. Il se sentait abandonné, soudain renvoyé à ses origines modestes, il chutait. Alors qu'il avait cru pouvoir gravir les sommets, tutoyer les puissants.

Entre le moment où éclata « l'affaire Bérégovoy » et le drame de sa mort, ses amis ou anciens amis tentèrent malgré tout, assez mollement, de le défendre, soulignant son honnêteté de toujours, dont la preuve la plus manifeste leur semblait le peu de cas qu'il faisait de sa tenue vestimentaire. « "Un homme qui porte de pareilles chaussettes ne peut être malhonnête", avait déclaré en substance Pierre Joxe, énarque à l'ironie froide et perfide. D'une même phrase, le président de la Cour des comptes défendait l'intégrité de son ami politique… et le renvoyait à sa basse extraction[39]. » La formule fit aussitôt le tour de la classe politique et des médias.

Aiguillonnée par le rire, la chaussette habituellement si discrète a l'art de cristalliser soudain toute l'attention. Elle résume un problème, un système de valeurs. D'un coup, elle porte tout un monde en elle et se transforme en symbole. Mais, de même qu'il est facile de la retourner dans la réalité physique, elle dit souvent une chose et son contraire. L'humble chaussette de Bérégovoy plaidait pour sa probité mais le renvoyait à son origine ouvrière, d'une manière particulièrement marquée par le bas puisqu'il s'agissait de chaussette, qui signe le déclassement quand elle perd ses qualités. Il n'y a pas pire que la chaussette pour rabaisser.

Le dessinateur Plantu n'avait pas pensé à ces extensions sociales et psychologiques, la phrase de Pierre Joxe était trop parlante, tout simplement, elle avait irrésistiblement déclenché son crayon. Il se remémore l'adoption par *Le Monde* de la couleur à cette époque : « La première couleur était solitaire : du rouge ou du bleu. Je me souviens qu'en 1988-1989 il y a eu la première touche de couleur. Au moment des ennuis judiciaires de Bérégovoy, j'avais illustré des propos de Pierre

Joxe qui le défendait soi-disant en déclarant : “Mais regardez comme il vit, comme il mange, comme il meuble sa maison et regardez même ses chaussettes. Ce ne sont pas les chaussettes de quelqu'un qui détourne de l'argent.” Du coup, pendant plusieurs semaines, je lui avais dessiné des chaussettes pourries. Comme je n'avais droit qu'à une seule couleur, j'avais fait des chaussettes rouges. On ne voyait que les chaussettes rouges de Bérégovoy à la une du *Monde* – des chaussettes qui dégoulinaient par terre, tellement elles étaient pourries[40]. » Vous avez bien lu : des chaussettes étaient régulièrement à la une d'un grand journal. Car tel est leur destin étrange ; quand, parfois, elles passent à la lumière, elles oublient leur discrétion habituelle, elles surgissent et peuvent devenir hilarantes ou ravageuses.

Il faut se méfier des chaussettes.

Les troueurs de chaussettes

Quand, pour une raison ou une autre, elles s'écartent de la bonne tenue socialement admise, nous savons bien qu'il faut les masquer aux regards. Cachons ces tire-bouchonnées, dépareillées, et surtout trouées que nous ne saurions montrer. Car, n'en déplaise à Hegel, il n'y a pas pire petit drame ordinaire pour certains que lorsque leurs chaussettes s'évertuent à se trouer sans cesse. Aemilia est consternée. « Cela peut survenir n'importe où, n'importe quand. Il frappe au hasard. Sans prévenir. Véritable menace aveugle. Vous l'aurez reconnu : le syndrome de la chaussette trouée. Je suis au boulot, en train de faire mes courses, au volant de ma voiture ou en plein cours de gym. Et tout à coup, CRAC ! Le gros orteil de mon pied droit vient de traverser ma chaussette, chaussette qui possédait encore pourtant toute son intégrité quand je l'ai enfilée ce matin. Mon orteil se retrouve alors désespérément coincé, étranglé façon paupiette[41]. » La gêne occasionnée se double d'une interrogation existentielle. « Le drame, c'est que ça m'arrive tout le temps, et je ne vois que trois explications possibles à ce phénomène :

• mes chaussettes sont de mauvaise qualité

• mes orteils sont de mauvaise qualité

• je suis victime d'une malédiction (le plus probable[42]). »

Écartons l'hypothèse, non scientifiquement recevable, d'une malédiction. La mauvaise qualité des chaussettes peut jouer un rôle, comme la conformation des orteils ou les ongles mal taillés. Les experts qui se sont penchés sur la question ajoutent d'autres éléments, tels des chaussures trop serrées. Ce à quoi d'autres experts rétorquent que des chaussures trop grandes peuvent aussi provoquer des frottements expliquant les déchirures. Bref, le mystère n'est pas totalement levé à propos des chaussettes trouées : pourquoi certains sont-ils régulièrement affligés par cette mésaventure alors que d'autres usent leurs chaussettes sans les trouer ou presque ? Le monde est clairement divisé en deux catégories. Les gens normaux, qui ignorent le problème. Et les troueurs de chaussettes, qui souffrent en silence ; honteux, coupables, moqués, incompris.

Je dois bien l'avouer, pour mon malheur, je fais partie de cette seconde catégorie. J'ai plusieurs fois inspecté mes orteils, et je ne vois pas ce qui permet de les accuser. Comme Aemilia, je n'ai pas trouvé de réponse à mes questions. La propension à trouer ses chaussettes crée une disposition à l'inquiétude, une suspicion latente, qui peut rejaillir sur l'ensemble de la personnalité. Là où l'homme normal s'habille sans se poser de questions, le troueur potentiel évalue les éventualités de survenue du drame habituel. Drame minuscule dans l'espace privé, où le fautif risque simplement un « Mais tu as encore troué ta chaussette, mais comment tu fais ! », qui ne renvoie qu'à une incompréhension conjugale. Drame colossal dans l'espace public.

Je me souviens, avec beaucoup d'émotion, de ce restaurant traditionnel à Tokyo où l'on devait retirer ses chaussures à l'entrée pour s'installer autour d'une table basse. J'y étais en compagnie de professeurs prestigieux de l'université Waseda.

Et là je le vois soudain – tous le voient en même temps que moi – un bout d'orteil rose dépassant de ma chaussette noire. Le matin même, ma chaussette était pourtant impeccable. Peut-être avais-je senti quelque chose avant d'enlever mes chaussures (j'ai toujours un doute désormais, comme lors de ce nouveau rituel devenu commun dans les aéroports), mais la surprise avait été grande. Et la honte encore plus.

La chaussette trouée en public ne se contente pas de déclencher tranquillement le cogito hégelien. Elle remplit brutalement la tête, sature les pensées ; plus rien d'autre au monde ne semble exister hors de ce bout d'orteil dépassant du tissu. La fixation obsessionnelle peut même commencer avant le dévoilement public, dans le dialogue intime de la personne avec son pied[43]. Aemilia à nouveau : « Comme je suis désormais consciente de ce trou dans ma chaussette, il m'est impossible d'en faire abstraction. En fait, je ne pense qu'à ça, et à la sensation désagréable – un peu froide, un peu moite – de la peau nue de mon orteil à l'intérieur de ma chaussure[44]. »

Que faire de la chaussette trouée ?

Après la survenue du drame reste un problème ménager à résoudre : que faire de la chaussette trouée ? Autrefois la réponse à la question était automatique. Il suffisait de la repriser. Ou plus exactement, une femme, la mère ou l'épouse, assignée aux grandeurs et aux malheurs du ménage, s'en saisissait aussitôt pour la ravauder. J'ai encore l'image de ma maman, avec son aiguille, son dé à coudre et son œuf en bois, reprisant mes chaussettes (car j'ai commencé très tôt à être un troueur compulsif). Walter Benjamin enfant avait son tiroir à chaussettes pour s'amuser, moi c'était l'œuf en bois qui faisait partie de mes jouets préférés, se transformant en toupie brinquebalante.

La reprise se sentait au bout de l'orteil, rugueuse, épaisse. Mais ce léger inconfort était le gage que la réparation était solide et que l'on pouvait être tranquille un moment. Bien sûr, je vous parle d'un temps irrémédiablement révolu. Parce que les femmes, émancipation oblige, ont définitivement tourné le dos à l'œuf à repriser (et que les hommes ne semblent guère motivés pour prendre leur place). Mais également parce qu'une chaussette reprisée est devenue presque aussi stigmatisante qu'une chaussette trouée. Peut-être même davantage. Certes le rose de l'orteil est caché. Mais l'incongruité populaire-archaïque du ravaudage est sans doute encore plus infamante.

Aemilia garde un petit quelque chose des temps anciens dans un coin de sa tête. Bien qu'il soit évident que jamais elle ne reprisera la moindre chaussette, elle ne peut se résoudre à les jeter. « Je ne vais quand même pas jeter à la poubelle des paires de chaussettes presque neuves, dont une moitié seulement est trouée ! Alors je les mets de côté en attendant de les recoudre. En quelques années, je me suis constitué un véritable couloir de la mort pour chaussettes. Elles attendent, entassées dans un baluchon, empoussiérées, dépareillées, inutiles. De nouvelles chaussettes viennent régulièrement les y rejoindre, toujours victimes de la même fatalité[45]. »

Récemment, en pleine période de confinement, certains ont lancé une idée saugrenue. Pourquoi ne serait-il pas possible de retrouver « l'art perdu de repriser ses chaussettes[46] » ? Refuser de jeter ses chaussettes au moindre trou ne s'inscrirait-il pas en effet dans les tendances écologiques de l'époque ? « À bien considérer les problématiques écologiques qui sont aujourd'hui les nôtres, prendre le fil et l'aiguille n'est pas un geste anodin. Loin de l'image d'Épinal de la jeune fille sage s'exerçant humblement penchée sur son ouvrage, il s'agit, en effet, d'un pas de plus vers un mode de consommation autre ; d'un acte de résistance[47]. » Le ravaudage de la chaussette comme acte de résistance, instrument d'un militantisme radical ? Voilà qui pourrait changer sérieusement la donne.

Toutefois, autant les couches lavables ou le shampoing fait maison resurgissent du passé pour s'afficher comme perspective d'un avenir plus respectueux de l'environnement, autant l'œuf à chaussettes semble condamné à finir, pour ceux qui restent, dans des cabinets de curiosités. Et ce, pour deux raisons : l'argent et les femmes. L'argent d'abord. Quand on peut facilement trouver une paire de chaussettes à moins d'un euro, qui irait imaginer que le ravaudage puisse rivaliser. Les femmes ensuite. Alors que leur sacrifice ménager peut s'oublier dans l'élan maternel et écologique qui le dépasse quand il s'agit de couches lavables, la chaussette est plus résistante. Elle est le symbole absolu de la subordination féminine. D'autant qu'il s'agit le plus souvent de la chaussette du mari. Et que ce mari, de plus, déjà peu enclin aux tâches ménagères, l'est encore moins quand il s'agit de s'occuper du linge. Il n'est donc pas prévisible que le reprisage des chaussettes fasse bientôt son grand retour, voici un art qui est définitivement perdu. Le destin des chaussettes trouées, désormais, est d'être impitoyablement jetées.

Reste à régler cependant la question de leur double, parfois en excellent état de marche. Mais, inutilisable en solitaire, la chaussette sans trou est jetée (le couloir de la mort d'Aemilia est une situation peu fréquente), simplement parce que sa jumelle a été trouée. Elle rejoint ainsi l'immense bataillon des « chaussettes orphelines » qui, privées de leur sœur (pour des motifs divers souvent mystérieux) deviennent elles aussi soudain inutiles.

En double page dans Paris-Match

La catastrophe peut s'abattre sur tout le monde, plus souvent sur les pauvres, qui ont de mauvaises chaussettes et les usent jusqu'à la corde, mais également sur les puissants. On peut être un grand de ce monde et un troueur invétéré, susceptible de subir l'opprobre publique. L'incident est immédiatement répertorié dans les gazettes, les photos voyagent dans les magazines people, les plaisanteries se déchaînent sur la Toile, et le petit drame peut prendre une ampleur planétaire.

En 2016, alors qu'il se trouve au sommet de l'Otan, le président ukrainien Petro Porochenko dévoile sans le vouloir un énorme trou sur sa chaussette gauche, usée au talon (certains troueurs ont cette particularité de percer par le talon plutôt que l'orteil). Quelques années plus tôt, c'est Paul Wolfowitz, président de la Banque mondiale et proche de George W. Bush, qui, n'ayant pas été prévenu qu'il devrait retirer ses chaussures pour la visite d'une mosquée en Turquie, a soudain exposé à la vue de tous, non pas un mais deux immenses trous laissant apparaître ses gros orteils. Les commentateurs, hilares mais charitables, firent remarquer que la Banque mondiale n'était peut-être pas le repaire de milliardaires que l'on imagine si son dirigeant avait de si misérables chaussettes[48]. Quant à penser qu'il s'agissait d'une subtile opération de communication montée de toutes pièces pour changer l'image de l'institution, il suffit de regarder le visage de Paul Wolfowitz pour constater que tel n'est pas le cas. La honte est trop forte pour de tels trous, et les effets désastreux sur l'image de la personne, pour oser faire cela. Il n'en va pas de même pour un petit trou plus discret, qui peut entrer dans une stratégie de manipulation.

L'exemple le plus connu est la fameuse photo de *Paris-Match* où Jean-Marie Messier, patron de Vivendi, surnommé « J2M », ou « J6M » (« Jean-Marie Messier-Moi-Même-Maître du Monde ») par les Guignols de Canal+, se présente allongé, sans ses chaussures, les chaussettes en gros plan. Et un orteil qui dépasse. Comment imaginer que cette photo devant paraître en double page n'ait pas été contrôlée par l'intéressé ? Qu'il n'ait pas vu le trou au moment où la photo a été prise ? Pour *Libération*, il ne peut s'agir que d'un coup médiatique, une façon de créer le buzz. « On ne le sait pas toujours, mais c'est le dernier attribut du pouvoir moderne. Jean-Marie Messier (J2M) a littéralement breveté le port de la chaussette trouée, signe ultime qu'on peut être un "énooorme" PDG et rester un monsieur comme tout le monde. Photographié à la une de *Paris-Match*, dans le cadre d'une gigantesque campagne de promotion pour la sortie de son livre *J6M.com*, on y voit de façon très distincte le PDG de Vivendi Universal allongé sur son lit, un livre à la main et un trou dans la chaussette. Depuis qu'il fréquente assidûment les Américains, J2M a abandonné son costume sombre pour un style décontracté : Friday look tous les jours (pas de cravate, chemise rose ou jaune pâle) et chaussette trouée[49]. »

L'écho médiatique fut considérable ; l'image avait fait beaucoup rire, on ne parlait que de la chaussette trouée du patron de Vivendi. Mais quelques années plus tard, quand celui qui avait été roi des médias fut renversé de son trône, les articles narrant son déclin rappelèrent la chaussette trouée, revue désormais en symbole annonciateur de la chute. L'humour avait changé de camp, tel l'arroseur arrosé, le trou manipulé se retournait de façon cruelle contre le troueur lui-même. Inverser le stigmate est une mission quasi impossible pour la chaussette trouée.

Il n'en va pas exactement de même pour d'autres défauts, qui eux aussi déclenchent rires et moqueries, mais peuvent, à la faveur de circonstances exceptionnelles, soudain permuter en leur contraire, et devenir les symboles d'une gloire inattendue.

3.

Éclats publics : l'effet irruptif de la chaussette

Disruption et irruption

Rappelons l'état naturel de la chaussette ordinaire : être aussi discrète que possible et se faire oublier, se fondre dans la banalité. Cet idéal est régulièrement troublé par quelques incidents personnels et dysfonctionnements ménagers qui obligent désagréablement à penser à elle ; le rêve étant de la renvoyer aussi vite que possible dans la non-existence mentale, de briser le cogito chaussetier hégelien. Il se trouve que, parfois, l'incident est public, et les railleries, les regards méchants, épinglent à l'avant-scène cette chaussette misérable que l'on aimerait tant pouvoir cacher. Elle se transforme alors en icône de la disgrâce, enfonçant d'autant plus bas l'infortuné, tourné en ridicule, que les rires sont forts et nombreux.

D'autres fois, et c'est peut-être encore pire, le cloué au pilori ignore qu'il est victime d'une guerre de déqualification sociale l'attaquant par les pieds. Il pense que ses chaussettes blanches associées à ses souliers vernis, ou ses chaussettes écossaises dans ses espadrilles, sont un choix vestimentaire comme un autre ; chacun ses goûts, se dit-il. Il ne sait pas que les codes de la mode sont discriminatoires et d'une violence inouïe pour ceux qui ne sont pas branchés sur les dernières idées dans l'air du temps. Tel est le mécanisme habituel. Soit les chaussettes apparaissent brièvement à la conscience avant de disparaître à nouveau, soit elles se maintiennent plus longtemps, sous le regard des autres, mais c'est pour devenir les instruments d'une stigmatisation sociale. Toujours pour le pire, jamais pour le meilleur.

Dans ces différents cas, notons un caractère remarquable du processus : sa soudaineté. Les chaussettes ne sortent pas tranquillement et progressivement de la non-conscience, elles surgissent. Elles surgissent et s'imposent brutalement au premier plan, remplissant tout l'espace mental, passant en une fraction de seconde de l'ombre la plus épaisse à une détestable lumière aveuglante. Or il arrive qu'un événement totalement inattendu se produise en cet instant : le retournement du stigmate. Pas pour la chaussette trouée, condamnée à son triste sort, mais pour d'autres, que l'on croyait définitivement irrécupérables. Comme par un coup de baguette magique, la pire des chaussettes (plus exactement, celle qui hier était considérée comme telle) se pavane maintenant sous les sunlights, ivre de gloire. C'est ce que j'appelle « l'effet irruptif de la chaussette » : son irruption spectaculaire à l'avant-scène (j'aurais presque pu dire « éruptif » tant elle surgit parfois des profondeurs) braque d'autant plus les projecteurs sur elle qu'elle avait été puissamment oubliée et/ou moquée auparavant, et cette inversion change la donne.

Effet irruptif-éruptif ou disruptif ? J'ai longtemps hésité avant de choisir le qualificatif adéquat. L'émergence inopinée de la chaussette me semblait pouvoir illustrer ce que l'on appelle souvent la disruption, mais le terme renvoie aujourd'hui à des définitions très différentes, à l'instar d'autres notions polysémiques à la mode que l'on appelle « mots-valises ». Dans certaines acceptions, il correspondait à ce que je voulais montrer : comment la chaussette, par son changement de positionnement, introduit une rupture dans un système et fait évoluer les paradigmes. Mais cette définition est minoritaire, et il existe un noyau dur de théoriciens de la disruption, bien représentés par Bernard Stiegler, qui la rapportent beaucoup plus précisément aux décalages sociaux provoqués par l'emballement de l'innovation technologique[1]. Je ne pouvais risquer tant d'inadéquations et de flou, je devais être scientifiquement précis pour ma chaussette : ce sera donc « irruptif. »

Irruptif convient d'ailleurs d'autant mieux que, au-delà du changement de paradigme (lequel ne se vérifie pas toujours pour la chaussette), c'est le moment de son jaillissement qui est décisif. Quand elle surgit de nulle part, du marais de la banalité et des railleries mauvaises, soudain déconcertante, et qu'elle fixe alors tous les regards sur elle par cet effet de contraste. Elle devient un paradoxe flamboyant simplement par le fait de s'afficher à l'avant-scène. Un tel effet irruptif explique par exemple que tant de livres et d'articles mettent en titre la chaussette sans en traiter vraiment par la suite. Qu'importe si la promesse n'est pas tenue, l'idée a fait rire, et le lecteur est magnanime. Car, autant on peut être cruel avec la chaussette, autant on sait aussi lui pardonner.

Prenez l'exemple des fraudes électorales. Elles sont assez répandues, dans certains pays plus que d'autres, mais ne font jamais rire. Il y a même parfois des morts pour cause d'élections truquées. Mais il suffit que la fraude utilise une chaussette pour que tout change immédiatement. Elle fait la une des journaux en changeant de registre, dérivant vers le divertissement. Et son auteur est à moitié pardonné : on ne peut être un fraudeur sérieux quand on fraude à la chaussette. Lors des élections municipales de Perpignan en 2008, deux proches du maire sont surpris avec des bulletins dissimulés dans leurs poches et leurs chaussettes[2]. L'opinion oubliera aussitôt les poches pour ne retenir que les chaussettes, et l'affaire deviendra vite célèbre, popularisant l'expression de « fraude à la chaussette[3] ». *Le Monde* l'affiche en première page, avec un dessin de Plantu représentant les fameuses chaussettes. L'opposition multiplie les manifestations, brandissant des chaussettes ou enfilant des bonnets en forme de chaussettes ; les élections sont annulées et l'on procède à un nouveau vote. L'ancien maire est réélu. Il faut toujours avoir les rieurs de son côté, on pardonne tout aux chaussettes.

Tout sauf le mauvais goût.

L'étonnant triomphe de la chaussette blanche

Le bon et le mauvais goût sont des constructions sociales d'une particulière fluidité. Ce qui est de bon goût à une époque ne l'est plus quelques années plus tard, et inversement. Taille basse, puis taille haute, puis taille basse à nouveau, short court puis short long, manège incessant des couleurs à la mode et de celles à bannir impérativement. Or cette variabilité continuelle contraste avec la conviction chevillée au corps des faiseurs de tendance qu'ils énoncent une vérité universelle et intemporelle. Ceci est beau, ceci est laid, et hors de ces commandements point de salut.

Rien ne l'illustre mieux que le consensus condamnant irrémédiablement les chaussettes blanches, qui prévalut pendant de nombreuses années et continue aujourd'hui de sévir : c'était l'exemple même de la faute de goût grossière. Surtout si elles étaient portées avec des chaussures en cuir et un costume. Chacun répétait en boucle cette évidence unanimement partagée. En 2013, le journaliste Marc Beaugé résume cette conviction de l'époque. L'homme aux chaussettes blanches, assis par exemple dans le métro, « devra encaisser de nombreux regards méprisants et une batterie de sourires en coin. Il est même probable que certains passagers seront tentés de prendre en photo lesdites chaussettes, afin de rire un bon coup avec leurs collègues ou leur famille une fois arrivés à bon port. Ainsi, au-delà des Crocs, du pantacourt, du tee-shirt sans manches, du jean neige, de la cravate à motif Mickey, du parapluie publicitaire, de la chemise col pelle à tarte, du sous-pull en polyester à col roulé, de la polaire impression aztèque ou de la salopette, la chaussette blanche incarne de nos jours le mauvais goût absolu et fait figure d'interdit ultime dans le vestiaire masculin moderne. Au vrai, il paraît raisonnable d'écrire qu'un homme en chaussettes blanches n'est pas vraiment un homme aux yeux du monde[4] ». Placé au plus bas, voire en dessous de l'humanité.

Un observateur attentif aurait pu cependant remarquer que quelques stars se permettaient cet acte résolument transgressif sans avoir peur du ridicule ni du déclassement. Les stars sont des divinités vivantes, elles ont droit à tout, et ne peuvent donc jamais être accusées d'une faute de goût. Si elles persistent à braver les codes qui ont les faveurs des gazettes, la seule chose qui puisse leur arriver est qu'elles finissent ainsi par lancer une nouvelle mode, par une rupture, une disruption, une provocation. Steve McQueen, Paul Newman ou Mickael Jackson (associant ses chaussettes blanches avec des mocassins noirs vernis) auraient pu être les catalyseurs de cette inversion historique. C'était sans doute trop tôt. Ils étaient admirés pour leur look, indemnes de toute ironie qu'aurait pu déclencher leurs chaussettes, mais ils n'avaient pas provoqué le grand basculement.

Celui-ci s'est produit il y a peu, sans même que nous ne nous en rendions vraiment compte. Il s'agissait pourtant d'une véritable révolution pour la chaussette. Non seulement la chaussette blanche, la plus méprisée, était soudain réhabilitée, mais elle s'affichait ostensiblement, bien visible sous un pantalon suffisamment court ou replié pour ne pas la couvrir, fière de cette notoriété surprenante, de cette revanche sur un passé de clandestinité et de mépris. « Un look aussi improbable que celui consistant à associer des chaussettes blanches et des claquettes en plastique, jusqu'alors réservé aux footeux à l'heure du Granola, est désormais on ne peut plus commun dans les couloirs du RER[5]. »

L'inversion avait été discrète au début parce qu'elle s'inscrivait dans la tendance sportwear, qui privilégie le confort et la décontraction, empruntant beaucoup à l'univers sportif. Mais aujourd'hui, elle s'affiche avec beaucoup plus d'ambition. « Brisant ce tabou vestimentaire, ce sont plus récemment les maisons de mode (Dries Van Noten, Ami, Gucci...) qui ont hissé cet article sur les podiums. En l'associant désormais non seulement à des sneakers ou à des baskets, mais aussi à des mocassins ou à des derbies. Le look masculin du moment ? », s'interroge le journaliste Guillaume Crouzet dans un article intitulé « Et si la chaussette blanche était le summum de la classe[6] ? » Gucci propose ses modèles Stretch pour 90 euros la paire. À ce prix-là, on pourrait bientôt se poser la question du ravaudage des chaussettes. Mais il faudrait que la chaussette reprisée elle aussi, par un spectaculaire retournement, devienne tendance.

Le touriste allemand et Toutankhamon

Tout n'est-il pas devenu imaginable aujourd'hui ? Les choses bougent, on sent qu'il y a un frémissement dans l'air pour la chaussette. Le principe est le suivant : prendre le pire du pire, le ridicule du ridicule unanimement reconnu (sauf par quelques naïfs boucs émissaires) comme déclassant, et l'afficher avec audace en symbole d'une contre-culture en devenir. L'avant-garde par la chaussette en quelque sorte. Puisque la chaussette blanche a déjà effectué son pronunciamiento chez les lanceurs de tendance, il faut donc trouver autre chose dans le bas-fond de ce qui était méprisé et moqué naguère : les chaussettes portées avec des claquettes ne pouvaient que s'offrir en candidat privilégié.

Comme pour les chaussettes blanches, l'inversion de tendance avait déjà été annoncée depuis plusieurs années. Au temps de la réprobation générale, l'exemple repoussoir le plus couramment donné était celui du « touriste allemand » qui faisait rire à ses dépens. Or à la même époque, au tournant du millénaire, les basketteurs américains avait pris l'habitude de se chausser ainsi à la fin de leur match, pour de simples raisons de confort ; ils retiraient leurs chaussures pour laisser respirer leurs pieds et enfilaient des claquettes tout en gardant leurs chaussettes. Cette pratique ne fit pas la une des magazines, mais les joueurs de la NBA sont désormais des stars comme les chanteurs, suivis par des cohortes de fans, qui guettent les moindres détails comportementaux ou vestimentaires pour les imiter.

Certains commencèrent discrètement à expérimenter l'association sulfureuse claquettes/chaussettes, et d'autres bientôt, très loin de l'image d'horreur du « touriste allemand », se persuadèrent que cette provocation « faisait style » et n'hésitèrent pas à poster des photos de leur trouvaille sur leur compte Instagram. Déclenchant des polémiques enflammées. Contre ceux qui répétaient en boucle les évidences du passé, les innovateurs transgressifs allaient l'emporter par la force du scandale, qui désormais est toujours gagnante. Les chaussettes/claquettes étaient sur le point de devenir tendance. Il ne manquait plus qu'un déclic, donné par un clip du chanteur Alrima, visionné dix millions de fois, « J'suis en claquettes-chaussettes, claquettes-chaussettes, claquettes-chaussettes ! », avec images à l'appui.

La traînée de poudre se répandit dans les collèges et lycées avant de se diffuser plus largement, bientôt suivie par les grandes marques et l'univers de la mode. « Ce phénomène de société a même récemment été récupéré par la haute couture. Lors de la dernière fashion week homme pour l'été 2018, en juin dernier à Paris, ce style a fait une apparition remarquée : la marque Louis Vuitton a notamment fait défiler plusieurs de ses mannequins affublés de… claquettes-chaussettes ! Des stars comme Justin Bieber, Rihanna ou Bruno Mars en sont également adeptes. Sur les réseaux sociaux, la mode des claquettes-chaussettes est rapidement devenue virale[7]. »

En 2017, Reead, influenceur lifestyle avait d'abord hésité, face à l'incompréhension et la vindicte de son entourage. « J'ai commencé à en porter une fois par semaine puis de plus en plus souvent, voire tous les jours, et certaines remarques étaient assez étranges : "ça ne te va pas", "ça fait plouc", "ça ne fait pas chic du tout de porter cela". Le comble c'est qu'avant, j'étais d'accord avec mes amis, c'est quand même quelque chose de nouveau qui paraît totalement moche et dont certaines personnes ne veulent absolument pas entendre parler[8] ! »

Il s'évertue désormais à donner des conseils précis pour ne pas associer chaussettes et claquettes n'importe comment, affichant ainsi des signes qui tentent de faire comprendre qu'il s'agit bien d'une distinction tirant vers le haut et non le contraire. Mais l'opération ne peut réussir que si le message est compris. Face à ceux qui ne le saisissent pas, le risque est grand d'être considéré comme un vulgaire « touriste allemand ». Les innovateurs sont condamnés à ne pas s'avachir dans le confort ordinaire de leurs claquettes-chaussettes et à rester à l'offensive.

Ils sont motivés en cela par l'idée d'être les premiers, les premiers à avoir l'audace de proclamer que la mode pourrait associer des claquettes et des chaussettes. Pourtant, ce n'est pas le cas. L'association des deux « faisait style » dans l'Égypte ancienne, il y a plus de trois mille ans. Parmi les trésors de la tombe de Toutankhamon, de véritables collections de sandales et chaussettes forcent en effet l'admiration, Alrima n'a rien inventé.

Les chaussettes-claquettes ont sans doute continué à s'imposer en Égypte pendant des siècles après Toutankhamon, jusqu'à l'Antiquité tardive, entre les années 200 et 800 de notre ère, période pendant laquelle une technique innovatrice, le tissage copte, permet de mettre au point une superbe chaussette ornée de rayures multicolores[9]. Elle a ceci de particulier qu'elle sépare le gros orteil de ses congénères, permettant à la lanière d'une sandale (nos tongs modernes) de s'insinuer entre eux. Le procédé était aussi très courant au Japon autrefois (et se perpétue aujourd'hui). Ces chaussettes séparant le gros orteil, appelées *tabi*, étaient souvent réalisées avec une semelle plus épaisse, leur permettant de se transformer en des sortes de pantoufles à l'intérieur des maisons dès qu'elles étaient détachées des sandales, les *zori*. Les chaussettes-claquettes s'inscrivaient dans tout un art de vivre très éloigné de celui des rappeurs d'aujourd'hui.

Et la mode retourna la chaussette

L'ordinaire de la chaussette est de rester cachée dans les tréfonds de l'humble banalité, quand elle n'est pas vilipendée pour sa nature méprisable, ou raillée pour son aspect ridicule. Elle n'est rien, on la moque, on en rit ; pauvre chaussette !

Mais parfois, soudain, les impulsions de la mode la propulsent sous les feux de la rampe. Étonnée de se retrouver là, elle perd un peu la tête, et se livre à des extravagances que n'oseraient pas des vêtements plus habitués des podiums. La mode, comme l'art contemporain, ne sait plus avancer que par des transgressions permanentes, il lui faut sans cesse trouver un code établi à subvertir, alors même que ces derniers tendent à disparaître dans notre société « liquide[10] ». Comment faire pour continuer à surprendre et à capter l'attention ?

Une méthode radicale semble s'imposer de plus en plus : inverser le stigmate. Prendre un vêtement ou une manière de le porter parmi les plus ringardisés, méprisés, humiliés, persiflés, crucifiés en emblèmes du mauvais goût, et, par un tour de baguette magique (la renommée d'un créateur), les transformer en leur contraire. Vous avez compris : aussi paradoxal que cela puisse paraître, il était inévitable que le destin de la chaussette rencontre un jour le protocole créatif hypermoderne de la mode. Parce qu'il n'y a pas plus stigmatisée qu'elle. Contre toute attente, elle devait donc un jour rencontrer la gloire, c'était écrit dans les mouvements étranges de notre époque. En surface du moins. Car dans les profondeurs historiques qui ont constitué la chaussette dans l'invisibilité et le non-être, un tel retournement paraît inconcevable, inacceptable, provoquant malaise et syndrome d'imposture pour la nouvelle star. La transmutation de la chaussette en icône *hype* ne sera jamais un long fleuve tranquille.

J'ai déjà évoqué quelques tentatives remarquables avec les chaussettes blanches, ou les chaussettes-claquettes, passées du touriste allemand aux rappeurs tendance. Mais un retournement d'ampleur n'aurait pas pu se produire pour les hommes sans une stimulation extérieure. Elle va venir des femmes.

Les femmes n'ignorent pas les chaussettes, surtout dans l'intimité quand elles leur réchauffent confortablement les pieds. Mais dès que les bas, puis les collants, connurent une production massive, elles furent reléguées aux marges. Si dans les années 1940 elles sont portées avec élégance et apparaissent dans les magazines, ce n'est que par défaut de bas. D'ailleurs elles refluent dans les années 1950, dominées par un modèle d'ultra-féminité personnifiée par la silhouette de la pin-up[11]. Les années 1960 amorcent au contraire un retour et une rupture, car l'émancipation féminine impose un corps plus neutre et fluide n'accrochant pas le regard[12]. Les pulls informes et les jeans accompagnent la libération ; l'accompagnent et l'autorisent, car rien n'aurait sans doute pu être possible sans eux. Sans la chaussette non plus, de plus en plus fréquemment associée au pantalon.

La chaussette n'est pas gender fluid

Les femmes mettaient donc de plus en plus souvent des chaussettes. Allaient-elles le faire comme les hommes, elles qui ont des vêtements plus colorés quand la gent masculine se fond souvent dans l'anonymat de la grisaille ? Non, évidemment, elles ignorèrent superbement le précepte masculin de la discrétion voire de l'invisibilité ; la chaussette s'afficha avec fierté dans leur panoplie vestimentaire. Et c'est ce qui finit par se produire ces dernières années. Un magazine de mode en fait le constat : « Longtemps dissimulées, les chaussettes commencent à être perçues comme un accessoire de mode à part entière. Aujourd'hui présentes sur la plupart des catwalks des fashion weeks, elles ont réussi à se hisser à une haute place dans cet univers de strass et paillettes[13]. » Oubliée l'époque où elles restaient discrètes voire cachées, ce sont elles qui peuvent être à la pointe du style. « Désormais, la chaussette fait partie intégrante de la planète mode. À l'instar d'un sac à main, d'une casquette ou d'un bijou, elle permet de donner un ton et une touche de style à sa tenue[14]. »

Il a fallu pour cela qu'elles se dissocient du pantalon, qu'elles soient alliées à une jupe, une robe, un short, laissant apparaître leur insolite et provocatrice beauté, surtout si elles s'insèrent dans des chaussures improbables, non pas la classique basket de la tenue sportwear, mais des escarpins raffinés sur talons aiguilles, ou toute autre union qui aurait pu auparavant sembler incongrue. La marque parisienne Chloé les a ainsi proposées en laine épaisse associées à des mules ou des sabots. Mais on peut aller encore plus loin dans la rupture créatrice grâce à l'inversion du stigmate. Les chaussettes qui plissent ont toujours été un signe majeur d'indignité sociale. La récente maison de mode Ermanno Scervino n'hésite donc pas à promouvoir de longues chaussettes fronçant (élégamment bien sûr) sur les chevilles. Ce pauvre Bérégovoy doit se retourner dans sa tombe.

Toutes les audaces sont permises pour les couleurs. Certains conseillent d'éviter qu'une couleur criarde ou un dessin trop marqué ne vampirisent le look, mais d'autres excitent le grain de folie de ce nouvel accessoire. « Le gimmick de la socquette glissée dans l'escarpin se révélera très efficace pour twister une tenue sage[15]. » Miu miu, « marque espiègle » développée par Prada pour lancer une mode « plus délurée[16] » se taille par exemple un vrai succès avec ses chaussettes à rayures vives valant plusieurs centaines d'euros la paire. Alors que des chaussettes fabriquées en masse se vendent désormais à moins d'un euro, la mode a propulsé quelques stars dans la stratosphère du luxe où les zéros s'ajoutent à l'envi ; l'extravagance financière s'empare des chaussettes. Ainsi un milliardaire américain vient-il de passer commande pour Noël de 14 000 euros de chaussettes à la marque de luxe Mes chaussettes rouges. « Parmi la quarantaine de chaussettes commandées, il y avait trois paires en poils de cervelt, une espèce de cerf rouge extrêmement rare, à 1 275 dollars chacune[17]. »

Mais les chaussettes rouges, nous le verrons, sont un cas un peu particulier pour les hommes. Elles signent une discrète distinction sociale sans engager vraiment dans un affichage flamboyant de couleurs. La question est la suivante : la révolution opérée par les femmes allait-elle définitivement et radicalement changer la nature de la chaussette pour les hommes, la faire passer de l'ombre à la lumière ? Plusieurs indices auraient pu inciter à le penser. Les coups d'éclat des chaussettes blanches et des chaussettes-claquettes notamment. Ou l'irruption sur les podiums de mode masculine de chaussettes fièrement bariolées et très visibles[18]. Ne se passait-il pas la même chose que pour les femmes ? La chaussette à la mode n'était-elle pas *gender fluid* ?

Le genre fluide est manifestement un nouvel horizon utopique de la jeunesse d'aujourd'hui, et traduit l'idée que l'on est d'abord une personne, libre de s'inventer, avant d'être défini par son genre, et encore moins par son sexe biologique. Que les expériences amoureuses doivent s'aventurer au gré des désirs flottants, que rien ne sera plus jamais comme dans le vieux monde où hommes et femmes étaient classées en deux catégories, Mars et Vénus, semblant vivre sur deux planètes différentes.

Hélas, bien des utopies se brisent sur la lourde résistance du réel. Et la chaussette en particulier s'avère fondamentalement résistante à la fluidité de genre. Il est bien connu qu'une hirondelle ne fait pas le printemps : il ne suffit pas d'un défilé de mode masculine arborant des chaussettes pour que demain, dans l'ordinaire de leur vie quotidienne, ces dernières sortent de leur idéal de discrétion. La banalité de la chaussette masculine est trop profondément inscrite dans ses gènes pour que quelques coups d'éclat de la mode puissent bouleverser cet état. Sur ce point, hommes et femmes ont encore un destin séparé, la chaussette est un marqueur puissant de la divergence des trajectoires, elle n'est pas du tout *gender fluid*. Les hommes ne bénéficient au mieux que d'un effet très atténué de la révolution féminine de la chaussette. On leur recommande quelques touches de couleur, mais toujours sous l'emblème de la sobriété et de la discrétion, sans ruptures trop marquées qui accrocheraient le regard, de trouver la subtile marque de distinction qui parvienne à classer sans mettre abusivement en avant la chaussette. Conseil impératif d'un styliste : « De chaussettes trop bariolées tu ne porteras point[19]. »

Loin des éclats des défilés de mode, les conseils de style donnés dans la vie ordinaire sont presque à l'inverse de ceux qui sont prodigués aux femmes. Ainsi le bon goût ordonne aux hommes de ne jamais laisser entrevoir un peu de peau au-dessus des chaussettes[20], alors que les femmes sont incitées à exhiber le mollet ou la cuisse pour valoriser l'accessoire de mode. Non, nous sommes encore très loin de l'égalité. Le seul réconfort, peut-être, est qu'en ce domaine particulier, ce ne sont pas les femmes qui sont contraintes et moins libres.

La domination masculine ne s'exerce pas dans tous les domaines.

Offrirons-nous des chaussettes à Noël ?

Toute cette agitation en surface, qui ne parvient pas à déstabiliser les fondamentaux de la chaussette, n'en provoque pas moins des percées intéressantes. La plus spectaculaire sans doute concerne les cadeaux.

Certes on a toujours offert des chaussettes, petit cadeau utile et discret, parfois tricotées à la main par une mamie adepte de l'œuf à repriser. Mais ce qui se passe depuis quelques années est bien différent : faire cadeau d'une paire de chaussettes est devenu tendance. Les chiffres explosent, de nouvelles marques s'engouffrant dans ce créneau se multiplient. Il nous faut donc analyser le phénomène avec le plus grand sérieux. Le point de départ est tout simple : l'homme ordinaire a un infini besoin de chaussettes, parce qu'il les use, les troue, en perd certaines. C'est un besoin inavoué sinon honteux, masqué à ses propres yeux par son irrépressible attachement aux guenilles qu'il ne parvient pas à jeter. Le cadeau le délivre de cette névrose conservatrice en même temps qu'il le ravit. Le prestigieux *Financial Time* s'est penché sur cette question essentielle. « Demandez à un homme – appelons-le “moi” pour préserver son anonymat – ce qu’il veut pour Noël, sa réponse sera : des chaussettes[21]. »

Voici un cadeau qui plaira, mais qui de plus semble cumuler tous les avantages. Le caractère irruptif de la chaussette (soudain surgie des tréfonds de la banale voire ridicule médiocrité) le consacrera en cadeau original, surprenant. Et joyeux, car immanquablement la chaussette déclenche les rires. Cadeau utile et sérieux donc, tout en étant festif et convivial, alliant premier et second degré. Commode également, remplissant le vide laissé par la cravate à l’heure où celle-ci connaît un vif déclin. Et à la portée de toutes les bourses, la gamme des prix allant du plus bas à l’hyperluxe, du pack de dix chaussettes de sport pour 5 euros à la chaussette en poils de cerf rouge à 1 000 euros la paire.

Mais ne serait-ce pas là trop demander à la pauvre chaussette ? Oui, il faut le dire clairement, trop c’est trop, et cette gloire subite cache mal un embrouillamini de quiproquos et contradictions. Le *Financial Time* à nouveau soulève le problème. Souhaitez-vous des chaussettes aux couleurs criardes qui vous fassent montrer du doigt ou des chaussettes à rayures qui vous donnent l’allure d’un écolier attardé ? « Vous voulez juste des chaussettes qui vous éviterons de penser aux chaussettes[22]. » Car telle est la plus haute ambition de toute chaussette masculine, aujourd'hui comme hier, quels que soient les mouvements de la mode ; sortir du cogito hégélien, savoir se faire oublier pour rendre la vie de son propriétaire plus facile.

Or que se passe-t-il quand vous envisagez de faire cadeau d'une paire de chaussettes à un ami ? Imaginez-vous offrir une chose dont le destin serait de disparaître dans l'inconsistance du non-être ? Ce serait comme ne rien offrir du tout, un ersatz totalement antinomique avec l'idée même de cadeau. Non, tout au contraire, vous voulez créer l'événement, la surprise, le ravissement, que le cadeau fasse rire et crier, qu'il déclenche l'émotion. Et c'est là que l'effervescence de surface du monde de la mode va produire le funeste quiproquo. Vous allez être irrésistiblement attiré par les couleurs les plus flashy, les matières improbables, les dessins cocasses, les slogans impétueux. Dès que la chaussette sort de son invisibilité constitutive, ce changement de paradigme déclenche un irrépressible emballement, accentué bien sûr par la gloire apparente qu'elle connaît depuis quelques années. Les analystes du marché sont catégoriques : alors que les marques traditionnelles sont à la peine, on voit fleurir des start-up innovantes misant sur l'effet-choc de la chaussette-cadeau originale[23].

Le bon cadeau est celui qui sait débusquer un désir secret. Vous savez que votre ami est un fan de *Game of Thrones* ? Il suffit de faire une recherche sur Internet et vous trouverez des chaussettes aux dessins de la série, de vingt marques différentes. Cet autre ami est un gourmand notoire ? Proposez-lui par exemple des chaussettes emballées dans une boîte de pizza aux motifs de la quatre-fromages ou de la pizza-salami[24]. Rires garantis. Un glissement s'est opéré. Le cadeau rêvé, le cadeau utile, celui qui pouvait tout simplement permettre à son heureux bénéficiaire de ne plus penser à ses chaussettes, a été subrepticement remplacé par son exubérant contraire. Après quelques secondes où il a sincèrement ri avec les autres, le malheureux récipiendaire commence à se demander ce qu'il va faire de ses chaussettes *Game of Thrones* ou pizza-salami. Les jeter ? Vous n'y pensez pas, des chaussettes toutes neuves ! Les donner ? Mais qui accepterait ces chaussettes impossibles à porter ? Alors, l'âme en peine, il va les ranger dans un coin de tiroir, à côté des veuves solitaires ou des délavées, des fatiguées, dont il n'a pas eu le courage de se séparer. Elles reposeront là pour longtemps, dans cet espace de relégation douloureuse qui, pour paraphraser le célèbre titre du roman de Carlos Ruiz Zafón, pourrait porter le nom de *Cimetière des chaussettes oubliées*.

Einstein aux pieds nus

La griserie de sa gloire apparente fait croire à la chaussette qu'elle est définitivement sortie de l'ombre ; il n'en est rien. Le paradoxe étant que cette double vie (ombre et lumière) garantit le succès prolongé de son éruptivité surprenante. Paradoxe que l'on retrouve dans le monde des idées. Il est moins question ici de modes (quoiqu'elles ne soient pas absentes) que du désir irrésistible d'énoncer des propositions insolites, en rupture avec la doxa. Pour la doxa, conformisme des idées académiques dominantes, le constat est clair : la chaussette n'a jamais eu et n'aura jamais le moindre intérêt scientifique ou philosophique. D'où l'envie de Walter Benjamin ou Friedrich Hegel de prouver le contraire. D'où aussi la propension à faire figurer en titre de nombreuses publications une chaussette par la suite oubliée. Plus les penseurs vivent leur vie par le seul cerveau, dans le monde des idées pures, plus la chaussette leur paraît l'instrument d'une originale rupture provocatrice. La tête se penche soudain sur les pieds.

Mais il arrive également, le fait n'est vraiment pas rare, que, sans même songer à faire intervenir la chaussette dans leurs théories, ils soient incités à ce positionnement gentiment provocateur, de façon très pragmatique, dans leur vie quotidienne. Souvenez-vous des chaussettes dépareillées du professeur Bertlmann. Comme si, les pieds étant tellement loin de la tête, ils offraient la liberté de se livrer à des jeux espiègles et jubilatoires.

Voyez l'exemple de l'ethnologue Georges Condominas, que ses proches appelaient familièrement « Condo ». Parmi ses originalités diverses « il s'obstinait à faire son café dans une chaussette, prétextant qu'il était bien meilleur ainsi, contrairement à ce que laisserait supposer l'expression courante de "jus de chaussette" », rappelle Dominique Rolland, qui fut son étudiant[25].

L'expression « jus de chaussette » provient de la guerre de 1870, quand des soldats en campagne n'avaient trouvé d'autres moyens pour filtrer leur café. Le résultat gustatif fut assez déplorable, d'où l'expression, très péjorative ; la chaussette en a l'habitude. Depuis quelques années, on assiste à un revirement sur cette question, avec la tendance écologique au non-jetable qui conduit à utiliser des filtres réutilisables appelés « chaussettes à café ». « Les chaussettes sont parfaites pour se porter aux pieds, mais elles sont aussi étonnamment parfaites pour… préparer le café[26]. » Il s'agit en réalité de filtres textiles allongés (sans talon), et pas du tout de vraies chaussettes, l'appellation « chaussettes » est forcée. Le « jus de chaussette » stigmatisant a été retourné en son contraire par un effet typiquement irruptif. Mais Condo allait beaucoup plus loin dans ce sens, car il utilisait une authentique chaussette pour faire son café. Sans doute parfaitement propre, jamais portée au pied, mais vraie chaussette quand même. C'est ce genre de détails qui pimente l'image d'un intellectuel.

Albert Einstein en savait quelque chose. On connaît le personnage et quel fut son apport considérable à la science. Un monument. Mais sur le campus de l'université où il donnait ses cours, pour les étudiants, il était surtout remarquable par un détail vestimentaire incongru qu'il tenait à maintenir malgré les regards : il ne portait pas de chaussettes. Sa femme, Elsa, avait insisté pour qu'il abandonne cette originalité, mais il résistait. Le physicien Paul Halpern rapporte ce qu'il en disait dans une lettre qu'il écrivit à un ami. « Je suis devenu un vieux solitaire. Une sorte de figure de patriarche principalement connue parce que je ne porte pas de chaussettes et m'affiche de temps à autre comme une curiosité[27]. » Le sociologue Erving Goffman a bien montré comment, moins on connaît une personne, dans l'ensemble de sa personnalité complexe et de son œuvre, plus on a tendance à l'identifier à partir d'un détail faisant signe (et volontiers stigmatisant[28]) ; d'autant plus quand le sujet se prête lui-même à l'exercice. Dalí réduit à sa moustache, Einstein à ses pieds nus. Une chaussette sortant de sa banalité normative est idéale pour procéder à cette réduction-enfermement identitaire.

Les surgissements tranquilles

La chaussette d'Einstein n'incarnait pourtant pas une volonté de produire un effet irruptif radical et encore moins délibéré. Le savant était vraiment ainsi, peu soucieux de sa présentation vestimentaire, se sentant bien les pieds nus dans ses chaussures. La fixation sur ses chaussettes s'était produite peu à peu, malgré lui, et, simplement, il n'avait pas voulu changer ses manières d'être. La chaussette (ou son absence) est parfois de cette sorte, quittant son invisibilité pour produire involontairement des effets irruptifs réels mais minuscules ou éphémères. Cela vient du fait qu'elle n'est cachée qu'en partie. Sans cesse elle se dévoile un peu, au gré du mouvement des jambes. Fabrice Bertin, qui raconte ce qu'il observe depuis son fauteuil roulant, explique comment cette perspective particulière accentue les dévoilements et l'importance de la place prise par les chaussettes[29]. La vie vue de plus haut les masque davantage, elles ne se révèlent que furtivement. Elles ne déclenchent alors que des effets minimes et temporaires. Un rire, un mépris, une surprise, vite oubliés.

D'une manière semblable, certaines émergences à l'avant-scène procèdent de façon tranquille et faiblement irruptive. C'est le cas par exemple des chaussettes de Noël. Il s'agit d'une très vieille tradition, qui remonte à plusieurs siècles, et fait intervenir saint Nicolas plutôt que le Père Noël. Dans les familles pauvres, les chaussettes constituaient un trésor, et les paires étaient si peu nombreuses qu'elles étaient souvent pendues le soir près de la cheminée pour les retrouver propres et sèches au matin. La légende veut donc que le bon saint Nicolas glissa ses cadeaux dans ces chaussettes pendant la nuit, et que, depuis, des millions de petits enfants enfouissent leurs rêves dans les chaussettes. On aimerait qu'elles accèdent plus souvent à une telle visibilité heureuse et festive. Uniquement faite de joie et de douceur.

Les pays qui glorifient la chaussette pendant les fêtes de fin d'année (le 6 ou le 25 décembre, le 6 janvier) sont plutôt ceux où règne Santa Claus, dangereusement concurrencé par le Père Noël. En Grande-Bretagne et aux États-Unis notamment. Mais cette si gentille chaussette a réussi à se faire également une place hors de ses terres de légende. En Italie par exemple, à l'Épiphanie, ce n'est ni saint Nicolas, ni le Père Noël, mais la Befana, une fausse méchante fée sachant se faire très compréhensive qui, par l'intermédiaire d'industriels prenant leur marge au passage, inonde les supermarchés de chaussettes multicolores remplies de bonbons. Dans les contes anciens, la Befana avait la vertu moralisatrice et éducatrice de faire peser une menace sur les enfants pendant les fêtes ; s'ils n'étaient pas sages, ils avaient droit non pas à des bonbons mais à des morceaux de charbon dans leur chaussette. Ils en tremblaient en mettant la main dans la chaussette. Aujourd'hui, plus la moindre menace, le charbon s'est transformé en délicieuse friandise de couleur noire. La pédagogie n'est plus ce qu'elle était, et les chaussettes ne font plus peur.

Les chaussettes de la Befana sont toutefois davantage l'exception que la règle : en pays de Père Noël (ou de l'enfant Jésus distribuant les cadeaux comme en Italie), il est assez rare qu'elles prennent le dessus sur les pantoufles ou les chaussures. Très majoritairement, ce sont ces dernières qui sont rangées le soir au pied du sapin et recevront les cadeaux. La chaussette est remise à sa place, cachée, au fond des tiroirs. Il est exceptionnel qu'elle soit ainsi à la fête.

Une tache de couleur

La nature de la chaussette masculine est de savoir rester discrète. Dans l'idéal, à défaut d'être toujours masquée, elle doit savoir se fondre dans une sobriété extrême. Oublier les motifs et préférer des couleurs n'accrochant pas le regard ; du noir, du gris, du bleu foncé. Des couleurs évitant toute rupture avec celle du pantalon (selon un conseilleur en élégance masculine[30]), pour mieux se faire oublier. Se tenir bien droite, au risque qu'un dévoilement inopiné sinon ne la surprenne honteusement flasque. Et bien sûr s'associer à sa jumelle, strictement identique. Ainsi s'est construite une norme, universellement reconnue et très prégnante. La chaussette n'est pas seulement au cœur d'un processus de construction sociale de la banalité, mais aussi de construction sociale de la normalité. Plus que d'autres objets ou vêtements, elle se définit par sa banalité et sa normalité. Ce qui explique le caractère surprenant et la puissance des effets irruptifs.

La normalité de la chaussette est un peu moins opératoire à mesure que l'on s'éloigne des sphères du pouvoir et de la légitimité, notamment dans les milieux intellectuels et artistes, dans la jeunesse, les cultures alternatives. La liberté (très relative) varie selon les secteurs professionnels.

Dans certains métiers moins stricts sur les codes vestimentaires, on peut oser « des faux-unis, des petits chevrons ou des pieds-de-poule[31] », une teinte aubergine ou une texture grenadine (maille en fins nids-d'abeilles). L'audace reste modeste. Mais dans le monde politique, celui de la banque ou de l'assurance, aucun écart n'est permis. Les chaussettes blanches et les chaussettes-claquettes n'ont pas surgi sous les bancs de l'Assemblée nationale. Les chaussettes du pouvoir sont particulièrement collets montés.

Un responsable de leur formation politique d'alors (l'UMP) ironisait ainsi sur celles de Dominique de Villepin et de Nicolas Sarkozy. « Tous les deux sont des dingues de la chaussette noire qui monte bien haut, celle qui permet de s'asseoir à n'importe quelle tribune sans dénuder un poil[32]. » Le moindre goût personnel prenant ses distances avec les commandements de la norme doit surveiller ses effets sur l'opinion comme le lait sur le feu. S'il sait rester discret et non ostentatoire, son auteur peut même en retirer quelques bénéfices d'image, montrant par là son élégance et son originalité, son indépendance. Mais gare à la moindre surinterprétation des observateurs, où à un événement quelconque leur donnant soudain plus de visibilité ; les chaussettes peuvent rapidement devenir explosives.

Prenez le cas d'Édouard Balladur. Sa gestuelle et la coupe de son costume (qu'il fait tailler à Londres chez Henry Poole) expriment un ensemble harmonique renvoyant à l'idée d'une certaine hauteur et raideur du pouvoir quelque peu ampoulée. Or, quand subrepticement ses chaussettes se montraient, elles révélaient tout autre chose, une étonnante tache de couleur rouge. « Rouge cardinal » pour être plus précis (elles provenaient d'ailleurs du fournisseur des principaux dignitaires du Vatican, Gammarelli). Cette originalité n'avait rien d'une provocation. Un conseiller en communication politique souligne même sa logique sous-jacente. « Il y avait une cohérence, car le rouge est la couleur du pouvoir. Or Balladur adorait le pouvoir et il l'exprimait inconsciemment[33]. »

Tant que tout allait bien pour Édouard Balladur, cette excentricité vestimentaire non seulement ne lui portait aucun préjudice mais lui offrait un léger avantage en termes d'image. Hélas la chaussette est coutumière de brutales inversions de sens dont les conséquences peuvent être violentes. Le même conseiller en communication (souhaitant rester anonyme ; la chaussette est un sujet sensible) poursuit son analyse. « Je n'ai pas d'idée trop arrêtée sur les chaussettes, tant qu'elles ne prêtent pas le flanc à une critique de fond. Si j'avais travaillé avec Édouard Balladur, je lui aurais quand même conseillé de les abandonner discrètement lorsque Plantu a commencé à le représenter en Louis XVI dans sa chaise à porteurs[34]. » Plantu, le dessinateur du *Monde*, très porté sur la chaussette comme instrument de décryptage du politique, et que nous avons déjà vu à l'œuvre à propos de Pierre Bérégovoy. Bien qu'il n'ait pas visé Balladur directement par ses chaussettes, le port aristocratique croqué dans le dessin, par simple association d'idées, propulsa le rouge cardinal à l'avant-scène. Le bon peuple découvrait (ou croyait découvrir) le sens caché des chaussettes du candidat à l'élection présidentielle.

Près de vingt ans plus tard, le même bon peuple découvrait avec stupeur que François Fillon enfilait exactement les mêmes chaussettes. Dans un article du *Point*, Christophe Ono-dit-Biot s'interrogeait : « Provenant de la très chic boutique de Rome bien connue des prélats, ses "Gammarelli" s'étaient imposées comme le nec plus ultra des tests de Rorschach pour percer la personnalité du très opaque Premier ministre. Subtil briseur de codes, ou légitimiste obstiné se coulant dans les chaussettes d'Édouard Balladur, qui se fournissait lui aussi, comme le pape, chez Gammarelli[35] ? » Les chaussettes de François Fillon auraient pu lui coûter cher, mais elles n'eurent pas le temps d'être montées en épingle : ce fut une histoire de costumes qui le fit tomber.

La vie en rose

Sortir de la norme peut présenter quelques avantages mais comporte un risque, qu'il convient de calculer et d'évaluer encore plus précisément, de toute urgence, quand l'écart est épinglé dans l'actualité. D'un coup, les dessins de Plantu avaient changé la donne pour Balladur. Le danger est moindre quand l'audace est éphémère, et savamment étudiée. Ainsi quand Michel Sapin, ancien ministre des Finances, interviewé par *Le Figaro*, pose sur une photo de telle manière que l'on puisse admirer ses superbes chaussettes roses (de la marque papale Gammarelli ; lui aussi[36]). Le contenu de l'interview a été vite oublié, mais pas les chaussettes. Le buzz est immédiat et la Toile se déchaîne. Succès d'audience donc, mais la chaussette excite les commentaires, et la critique menace. « Il est aussi crédible que quand il justifiait les mauvais chiffres du chômage ou l'accroissement de la dette ! » s'indigne un internaute[37]. Vite, il fallait calmer le jeu. Et Michel Sapin expliqua que ce rose n'avait rien de bravache, puisqu'il s'agit de la couleur de son parti politique, le PS. Il était conforme à ses pensées, une sorte de vérité intérieure, aucunement une provocation.

Les femmes ont beaucoup plus de liberté de manœuvre. Face à la norme extrêmement stricte des vêtements masculins et à l'éventail des teintes réduit aux mornes bleus-gris, elles ont une possibilité beaucoup plus grande de jouer avec les formes et les couleurs, y compris dans les hautes sphères du pouvoir. Quand elles arborent des chaussettes, la tolérance est élevée avant que ne se déclenche le scandale. La vice-présidente des États-Unis, Kamala Harris, peut même afficher des chaussettes sur lesquelles est finement inscrit *The future is female* sans que la terre n'arrête de tourner[38].

L'audace des chaussettes s'inscrit au cœur d'un contexte qu'il faut évaluer dans ses diverses modalités et développements possibles. Certains secteurs professionnels innovants peuvent se permettre quelques libertés : si la biomédecine doit continuer à donner des gages de sérieux par ses chaussettes, les sociétés Internet ont désormais la quasi-obligation d'afficher un minimum disruptif ; il y a déplacement de la norme. Le public ne fut donc pas surpris quand le 18 novembre 2017, lors d'un forum international sur la sécurité, Eric Schmidt, président exécutif d'Alphabet, la société qui contrôle Google, monta sur scène arborant de superbes chaussettes rose fuchsia assorties à sa cravate (Apple ou une start-up auraient opté pour la chaussette rose sans cravate ; il existe de subtils degrés dans la rupture).

Ce jour-là, le débat s'enflamma, pour une raison qui n'avait rien à voir avec les chaussettes : Google fut accusé de prendre prétexte de la lutte contre les *fake news* pour censurer les opinions critiques et alternatives, et renforcer le conformisme de la pensée dominante. À ce stade, les chaussettes roses avaient déjà permis d'empocher des gains non négligeables. Que la chose ait été délibérée ou involontaire, elles prouvaient symboliquement que Google pouvait faire preuve d'audace et n'était donc pas un suppôt du grisâtre conformisme dominant.

Mais il y eut davantage encore, dans les suites médiatiques de l'affaire. *Le Monde diplomatique*, par exemple, publia un article dénonçant la nouvelle censure. « Dans la bataille contre les "fake news", alerte l'association américaine Fairness and Accuracy in Reporting (FAIR), une grande partie des reportages les plus indépendants et les plus précis sont en train de disparaître des résultats des recherches effectuées dans Google[39]. » Mais le regard accroché par les chaussettes propulsa celles-ci en titre de l'article (« Censure et chaussettes roses »), détournant un peu l'attention du problème de fond. L'effet-chaussette s'était retourné non pas contre celui qui avait osé mais contre celui qui pensait critiquer ce dernier. Ce n'était plus l'arroseur arrosé, mais l'arrosé arrosé, piégé par la chaussette. Qu'on la porte ou que l'on se contente d'en parler, la chaussette irruptive doit toujours être maniée avec une extrême précaution.

Si l'on maîtrise bien le processus, oser une couleur accrochant le regard permet d'amplifier la communication, parfois de façon considérable. Les idées que l'on veut faire passer, ou simplement l'image de soi que l'on souhaite voir davantage popularisée et reconnue, sont boostées par la chaussette irruptive. Et elle apporte en supplément la garantie de toute une série de qualités très demandées aujourd'hui ; la créativité personnelle, le non-conformisme discret, la capacité d'être soi de façon indépendante[40]. L'homme politique désormais a tout intérêt à savoir jouer de ses chaussettes.

La diplomatie de la chaussette

Justin Trudeau, Premier ministre du Canada, l'a tellement bien compris qu'il maîtrise un art raffiné de la communication par les chaussettes, transformées en instruments diplomatiques. Dans un premier temps, il se contenta d'afficher des motifs qui exprimaient des goûts personnels. Fan de *Star Wars*, il le proclama par ses pieds, ce qui agita bien sûr la Toile et les médias. À l'inauguration du forum *Bloomberg Business* à New York le 20 septembre 2017, il provoqua l'événement avec ses chaussettes à l'effigie de Chewbacca, le mercenaire velu du film culte[41]. Aux rencontres de Davos, il exhiba des chaussettes mauves ornées de canards jaunes. Mais bientôt il monta d'un cran, et se lança dans une véritable « Diplomatie de la chaussette », comme devait titrer le *New York Times*[42]. Sachant que tous les regards seraient désormais braqués sur ses pieds, il décida de délivrer des messages politiques par ses chaussettes.

Le journaliste Georges Bourquard ironise : « Dans tous les sommets internationaux, les chevilles de Trudeau sont maintenant un objet de curiosité. On a même vu Angela Merkel se plier en deux pour les admirer et pourtant elle n'est pas réputée pour courber facilement l'échine[43]. » Quelle signification accorder aux navires de guerre qu'il arborait lors d'un sommet de l'Otan ? Simple clin d'œil (par les pieds) ou indice d'un désir de durcissement de l'Alliance atlantique ? Plus fort encore, à Toronto, alors que le jour de clôture de la Gay Pride coïncidait avec la fin du ramadan, Justin Trudeau parvint à délivrer un double message ; des chaussettes arc-en-ciel, sur lesquelles était finement écrit « Aïd Moubarak », une manière de souhaiter une bonne fête aux musulmans.

Ce succès médiatique agaça cependant et, dans les soubresauts de la Toile, certains s'indignèrent du rapprochement, soulignant le sort des homosexuels, persécutés dans certains pays musulmans[44]. Grisé par ses succès, ne commençait-il pas à en faire trop ? Le poste de Premier ministre, qui expose à une forte pression, a-t-il besoin que l'on ajoute une source de stress par la surexposition des chevilles ?

L'effet-chaussette commençait à se retourner. D'aucuns firent remarquer que cette mise en scène de ses pieds révélait une faiblesse, en symbolisant une communication dérisoire, masquant un manque de volonté sur le fond des dossiers. Comme le journaliste Richard Martineau, dans le *Journal de Montréal* : « Parlez-moi d'un homme d'action ! Qui aurait cru qu'il suffisait de porter des bas funky pour changer le monde ? Ce n'est pas de Gaulle qui aurait eu le courage de faire ça ! Ou Churchill, que non[45] ! »

L'ex-Premier ministre australien Malcom Turnbull, dans un livre où il relate ses entretiens avec son homologue canadien, se montre encore plus exaspéré par les chaussettes de Trudeau. Alors que de difficiles négociations se déroulaient pour tenter de conclure un partenariat transpacifique après que Donald Trump s'en était retiré, Justin Trudeau, ayant peur de froisser son puissant voisin, s'était abstenu de participer à la réunion. Turnbull était furieux. Pour détendre l'atmosphère, Trudeau releva son pantalon et lui montra les couleurs qu'il avait choisies ce jour-là. « Justin, nous ne sommes pas ici pour parler de tes chaussettes », aurait répliqué vertement le leadeur australien[46]. Les chaussettes étaient renvoyées à leur place, anodines, tout en bas. Pour Justin Trudeau, les gains communicationnels n'avaient duré que le temps de la surprise. Ses chaussettes lui étaient ensuite montées à la tête, et la nécessaire désescalade s'avérait délicate à opérer.

Le buzz médiatique provoqué par une chaussette sortant de sa discrétion habituelle est la plupart du temps éphémère et ponctuel. Il est d'autant plus difficile à inscrire dans la longue durée que l'effet irruptif ne peut que décroître et que les regards accrochés aux chevilles impliquent une attention permanente et des justifications multiples. Alors que l'on doit s'expliquer sans cesse davantage, les gains communicationnels s'estompent. C'est pourquoi, très souvent, la chaussette irruptive n'a droit qu'à un quart d'heure de célébrité.

Pour éviter les risques et le surcroît de pression, certains cherchent à trouver le juste équilibre permettant de bénéficier d'un léger effet-chaussette sans verser dans un affichage trop voyant et provocateur difficile à gérer. Une rupture en demi-teinte, un dessein sobre à peine visible. Finalement, ils ne parviennent au mieux qu'à être classés dans l'élégance de la distinction, au pire dans la faute de goût qui déclenche les rires. L'effet irruptif ne fonctionne pas à moitié.

Les conditions du succès sont dans l'articulation d'une rupture franche, spectaculaire, avec un mouvement social contestataire qui la soutient et la transforme en son symbole. La chaussette irruptive, en devenant le drapeau d'une révolte, d'une mode à contre-courant, prend soudain une signification qui fait taire les critiques et réduit les railleurs au silence. Les chaussettes blanches ou les chaussettes-claquettes n'auraient pas pu vaincre autrement. Elles avaient pourtant pour point de départ ce qui semblait le plus moqué et stigmatisé ; le mauvais goût canonique de la chaussette blanche et le look bouc émissaire du « touriste allemand ».

En réalité, il y aurait eu pire encore, et il y a pire encore, dans l'ordre de ce qui officiellement n'est pas permis à la chaussette, il existe des audaces encore plus sacrilèges contre la religion de sa normalité : des chaussettes dépareillées, qui ne seraient plus strictement jumelles. L'idée que les deux chaussettes doivent être parfaitement identiques est l'évidence la plus puissante au cœur du processus de construction de la réalité et de la normalité. Or il s'agit d'une pure convention sociale, qui pourrait un jour voler en éclats. Tant que cette révolution des chaussettes n'a pas eu lieu, l'effet irruptif des couples mal assortis est garanti. Il faut cependant inscrire cette pratique en rupture dans un contexte, expliquer la démarche, imposer la signification de la contre-culture.

C'est ce que fait notamment le mouvement *Lots of socks*, qui convie chacun à porter des chaussettes dépareillées le 21 mars, journée mondiale de lutte contre la trisomie 21, pour sensibiliser l'opinion au sort des personnes différentes[47]. Ceux qui désirent montrer leur soutien à la diversité sont invités à porter des chaussettes dépareillées ce jour-là, et à en poster les clichés sur les réseaux sociaux. Les chaussettes deviennent vecteur de mobilisation et message militant de tolérance.

De la chaussette à clous au lancer de chaussettes

Il n'est pas rare que la chaussette soit ainsi brandie en étendard d'une révolte, en symbole d'une cause émancipatrice ou d'une lutte subversive. L'anarchisme et le féminisme en particulier l'ont parfois transformée en arme de combat. Voyez l'histoire de la « chaussette à clous », répandue chez les anarchistes du début du XXe siècle. On s'imagine la chose au premier degré, une chaussette avec des clous, pour faire couler le sang. Elle est effectivement destinée à faire mal, dans des assauts contre les « jaunes » ou la police. Le journal d'un syndicat anarchiste du bâtiment écrit : contre les briseurs de grève, « nous avons trouvé le remède, qui est celui de la chaussette à clous appliquée au bas des reins[48]. » En réalité, la chaussette à clous n'est pas une chaussette, il s'agit d'une métaphore désignant une solide chaussure, et l'arme principale est en fait le coup de pied qui frappe l'adversaire.

Pourquoi parler de la chaussette s'il s'agit d'une chaussure ? Le mouvement libertaire et anarcho-syndicaliste de l'époque mélangeait la violence de sa révolte avec un art du sarcasme et de la dérision. Les chaussettes à clous pouvaient réellement blesser, mais dans l'imagerie populaire des tracts et des chansons, les coups de pied étaient censés être portés au derrière, ce qui signe davantage une volonté d'humiliation que d'efficacité bagarreuse. Le terme « chaussette », sorte de diminutif dérisoire et humoristique, avait la même fonction d'emballer dans les rires des coups qui malgré tout pouvaient pleuvoir et faire très mal, unissant les assaillants dans une bonne conscience ludique. À ce surplus éthique s'ajoutait un gain communicationnel évident, la formule imagée de la « chaussette à clous » devint vite célèbre, et circula chez ses partisans pour la glorifier avec ironie. Et chez ses détracteurs, qui la dénoncèrent dans la presse de droite et à l'Assemblée nationale[49]. Effet irruptif évident, dans un contexte très particulier. En 1910, le poète Gaston Couté écrit une chanson qui eut beaucoup de succès, *Brave chaussette à clous.*

Quand l'régiment part en campagne
Si la chaussett' russe* accompagne
Les pieds nickelés des pioupious
Nous, on a la chaussette à clous !
Bon bougre, par ces temps de grèves
Chaque matin, quand tu te lèves,
Ne va pas oublier surtout
De chausser la chaussette à clous !

Mais nous commençons à comprendre combien la chaussette, sans cesse, se retourne en son contraire, combien ses significations s'inversent avec une étonnante facilité. Quelques décennies plus tard, dans l'imaginaire collectif, la chaussette à clous n'est plus celle qui permet de frapper la police mais au contraire l'arme policière qui

---

* La « chaussette russe » n'est pas une chaussette, mais une pièce de tissu que les soldats russes (ou soviétiques) enroulaient autour de leurs pieds. Elle n'a été remplacée par une vraie chaussette qu'en 2008. Cette manière de faire existait aussi dans les armées d'autres pays, notamment en Allemagne, mais également en France, pour entourer « les pieds nickelés des pioupious ».

réprime les manifestants. En 1954, Boris Vian écrit *La Java des chaussettes à clous.*

> Ce sont les chaussettes à clous
> Compagnes chéries des chastes gendarmes
> Oyez le plaisant vacarme
> C'est là tout le charme
> Des chaussettes à clous.

Le mouvement libertaire et anarchiste et, plus largement, les contestations spontanées et informelles ont souvent été associés à des démarches artistiques subversives, railleuses et parfois bouffonnes, au croisement du dadaïsme et du situationnisme. L'incongru, l'inattendu provoquait l'événement. La chaussette ne pouvait manquer ce rendez-vous, et on la retrouva donc souvent, non plus battant le pavé comme avec la chaussette à clous, mais sous forme d'une arme plus sophistiquée, métaphorique, l'effet irruptif et la dérision étant mis au service d'un combat. Par exemple, dans le film documentaire de Pascal Boucher, *Bernard, ni Dieu ni chaussettes*, où l'on voit un poète rural sans chaussettes* déclamer les textes libertaires de Gaston Couté. Exemple

---

* Bernard porte un carré de tissu replié sur ses pieds, comme les policiers dans la chanson de Gaston Couté qu'il récite dans ses tournées : changement de camp également donc pour cette non-chaussette !

très différent, en Biélorussie, Angelina Serzhan, 20 ans, a participé à une manifestation contre l'autocrate Alexandre Loukachenko le 30 janvier 2021. Traversant un parc après la manif', elle est arrêtée par la police. Motif : elle porte des chaussettes blanc et rouge, couleur de l'ancien drapeau de la République[50]. Quinze jours de prison pour ses chaussettes ! À Moscou, une créatrice de mode, Alina Mouzytchenko, a lancé une collection de chaussettes (et de tee-shirts) avec des dessins humoristiques dénonçant la répression policière[51]. Grâce à ces symboles (plus visibles pour les tee-shirts, à porter dans les manifestations, plus discrets pour les chaussettes, à porter tous les jours), les gens ont appris à se reconnaître entre eux. Il y a un effet fédérateur et mobilisateur couplé à une dimension ironique.

Même ironie de la part d'Alain Brossat, professeur de philosophie et militant d'extrême gauche. Constatant que la violence est de plus en plus confisquée par les institutions et assimilée à une barbarie dans les luttes, et que même un lancer de chaussure à la tête d'un dirigeant « sera perçu par le public comme un acte d'une violence exorbitante, d'une violence "symbolique" insupportable – sans compter qu'un talon trop aigu est toujours susceptible de fendre une arcade sourcilière[52] », il imagine avec autodérision la fable du « lancer de chaussettes ». « On remplacera donc, pour manifester que l'on entre en résistance, ce geste inconsidéré par un autre, plus conforme aux normes de la pacification en cours : lorsque les chiffres du chômage auront atteint en France la cote des cinq millions, on jettera sur Sarkozy, lors de sa visite éclair du Salon du livre, des chaussettes – et encore, propres et parfumées. Le service d'ordre tabassera pour le principe ceux qui auront osé ce geste d'une vaillance inouïe, les images passeront en boucle sur les chaînes de télé et les lanceurs seront promus au rang de héros de la nouvelle résistance populaire au régime autoritaire[53]. »

Ainsi le lancer de chaussettes pourrait-il devenir paradigmatique, pour reprendre le titre de son article, signifier une nouvelle époque de la contestation. Cependant, nous ne le savons que trop bien, les effets produits par la chaussette sont difficiles à maîtriser et produisent très souvent le contraire de ce qui est désiré. La chaussette dressée en étendard d'une lutte contre le capitalisme comporte un fort risque de récupération, et l'auteur termine ainsi son article : « Tout le monde sera content, à commencer par la grande marque (une multinationale à capitaux chinois et turcs) qui aura discrètement sponsorisé l'opération[54]. » Le lancer de chaussette ne sera pas demain inscrit dans la panoplie de la lutte sociale, qui implique des affrontements plus rudes. Il n'est qu'un ersatz, un amusement, au mieux un happening artistique.

Qui va repriser les chaussettes ?

La chose pourrait être très différente dans un autre contexte, celui non plus de la lutte sociale en général, mais du féminisme. Car ici les chaussettes ont une signification profonde et précise : elles symbolisent avec éclat l'invisibilité ordinaire de l'injustice ménagère dans le couple, d'autant plus insupportable qu'il s'agit la plupart du temps de celles du mari. Au début des années 1970, période de forte mobilisation féministe, un slogan ponctue les manifestations : « Travailleurs de tous les pays, qui lave vos chaussettes ? » Sous l'humour de surface, la question est particulièrement dérangeante et subversive. Parce que rien ne révèle mieux la situation d'assujettissement des femmes que le lavage et le rangement des chaussettes. Près de quarante ans plus tard, le slogan est repris en titre d'un livre qui détaille l'extrême diversité des combats féministes, ce qui souligne combien le symbole de la chaussette peut être fédérateur[55]. Mais au nom de la même chaussette, un article dénonce au contraire le « féminisme d'État » occidental et universaliste, qui prône l'émancipation des femmes par le travail, gage de leur autonomie, alors que cette intégration mène à « un travail de *care* genré et racialisé[56] ». En bref, dans l'espace public, les femmes noires et musulmanes sont condamnées à laver les chaussettes des hommes blancs. La chaussette a traversé toute l'histoire du féminisme, y compris dans ses polémiques internes.

Cela avait commencé dès le début, de façon éclatante. Par une histoire d'émancipation féminine dans le monde du travail. Pas un travail de « *care* genré », mais au contraire par la soudaine irruption de deux femmes dans une corporation jusque-là farouchement masculine : les cochers. Nous sommes le 21 février 1907, à Paris. Clémentine Dufaut et Eugénie Charnier prennent les rênes de leurs fiacres parmi leurs 20 000 collègues hommes, et l'événement fait la une des journaux, les badauds affluent au 94 de la rue Amelot, siège du dépôt de fiacres. Les premiers cris fusent, marquant la surprise, voire le ravissement : « Oh la femme cocher ! » Mais très vite, c'est une autre ritournelle qui prend le dessus, vindicative, la colère masquant la peur que le monde ancien ne s'écroule. L'historienne Juliette Rennes a relaté avec beaucoup de précision cette journée mémorable pour la chaussette (et pour le féminisme). « Passé l'étonnement de voir une "vraie" femme cocher, les passants l'interpellent : "Qui va repriser les chaussettes ?!" Au cours de la première semaine, c'est la remarque la plus fréquemment entendue par les reporters qui accompagnent les cochères[57]. »

Un siècle plus tard, un homme politique avait eu le malheur de prononcer une phrase semblable, vite devenue célèbre (malgré ses dénégations en paternité), « Mais qui va garder les enfants ? » Or la chaussette est beaucoup plus radicale dans son effet symbolique et subversif. Les enfants sont ceux du couple, et la phrase ne devient inacceptable qu'en regard de la théorie contemporaine du partage égalitaire des tâches familiales. La chaussette marque un assujettissement féminin beaucoup plus prononcé, le socle ancien d'un empire machiste qui menaçait pour la première fois de se craqueler. Marie Lutgen, une des premières cochères, par ailleurs chroniqueuse dans le journal *Le Matin*, racontait : « Combien de fois l'ai-je retrouvée sur mon chemin, cette objection simple, familière et redoutable, qui résume d'un mot toutes les protestations, toutes les indignations, toutes les colères antiféministes : "Et les chaussettes ?" Il faut bien faire attention à ce mot. On ne nous dit jamais : "Qui est-ce qui raccommodera tes bas ?" Sous cette forme, l'objection perdrait la moitié de son sens et de sa force. Les chaussettes ont un sexe : c'est un pied d'homme qu'elles évoquent[58]. »

Que se passerait-il si la femme n'était plus au service de l'homme dans les soins ménagers, on ose à peine l'imaginer, et c'est l'angoisse engendrée par une telle perspective qui gonfle le cri « Et les chaussettes ? » Les chaussettes symbolisent l'effroi existentiel. « Ce que l'on craint, c'est plutôt qu'une femme accédant à une position professionnelle réservée aux hommes convoite d'autres privilèges masculins et méprise le raccommodage des chaussettes et autres obligations domestiques qui reviendront alors au mari. Si ce fantasme d'"inversion" des rôles et des places entre les sexes alimente maints dessins et comédies satiriques de l'époque, la cochère sur le siège tenant les rênes, tandis que le client masculin reste assis derrière, offre une représentation visuelle littérale d'un tel fantasme[59]. »

En 1907, à une époque où les chaussettes ne s'achetaient pas par paquets de cinq, l'obsession masculine était celle du trou à raccommoder. « Qui reprisera les chaussettes ? ! » Ce temps est désormais derrière nous, la chaussette trouée est jetée et personne n'est plus assujetti à son ravaudage. Mais la charge symbolique et subversive reste exactement la même, dans l'ordinaire profond et invisible des travaux ménagers : « Qui lave, qui trie, qui range les chaussettes ? »

4.

Dans le petit théâtre privé : la femme et la chaussette du mari

N'en déplaise à Hegel

Après les éclats éruptifs de la chaussette sur la scène publique, leur violence stigmatisante et leurs inversions spectaculaires, nous allons pénétrer dans un univers beaucoup plus intime et secret, circonscrit au petit chez-soi. L'effet irruptif n'y est pas moindre, mais il est étouffé, retourné contre soi, provoquant des dégâts psychiques d'autant plus insupportables que leur cause est cette chaussette qui semble si inoffensive et banale. La protagoniste est généralement la femme, et l'assistance est assez souvent réduite à une seule personne, le mari, cause du petit drame et spectateur parfois indifférent. Mais, plus souvent encore, il n'y a pas de public du tout. Seul règne le dialogue de soi à soi médiatisé par la chaussette, la fureur rentrée, les déflagrations intérieures ; un petit théâtre minuscule, explosif, principalement féminin. Pour l'essentiel, l'histoire qui va maintenant être racontée prend la forme d'une épopée tragi-comique mettant en scène, dans un décor minimaliste, deux uniques personnages : la femme et la chaussette de son mari (ce dernier n'intervenant que très épisodiquement, dans un second rôle sans relief).

Une histoire, n'en déplaise à Hegel, qui a beaucoup à nous apprendre. Friedrich Hegel avait glorifié la montée de la chaussette (trouée) vers la lumière intellectuelle du cogito. Nous allons à présent effectuer le chemin inverse, vers les profondeurs les plus opaques et impensées. L'erreur de Hegel est de penser qu'elle plonge alors dans le non-être, le néant. Tout au contraire, elle s'aventure dans une autre vie, plus mystérieuse, où son pouvoir se renforce d'autant qu'elle disparaît de la conscience humaine. Tel est le paradoxe qu'il nous faut comprendre.

L'opération est difficile à mener, parce que contre-intuitive. Nous ne sommes conscients en effet que de notre conscience. Et immensément fiers de cette capacité qui est la nôtre d'envisager avec une efficacité réflexive inébranlable toutes les choses de la vie, pensons-nous. Une fierté qui, en fait, nous illusionne. Dans la réalité de tous les jours, très concrètement, ça ne se passe pas comme ça, surtout pour les gestes les plus simples de la vie quotidienne. Une infime minorité est guidée par une conscience claire, la plupart du temps par défaut d'ailleurs (en raison d'un dysfonctionnement quelconque, d'un problème rencontré) – heureusement d'ailleurs, sinon la vie serait un tel enfer mental qu'elle serait tout bonnement impossible. Nous ne serions rien sans notre aptitude à forger des automatismes qui guident nos actions les plus répétitives.

Pas seulement quelques automatismes, mais une immensité, qui est en nous, dans nos profondeurs ignorées. J'ai déjà donné l'exemple du repassage et de l'extraordinaire diversité des manières de faire. Quand je posais la question : « Pourquoi repassez-vous les chaussettes ? », on me répondait : « Parce que c'est comme ça ! », révélant par cette phrase l'existence d'une évidence incorporée, mettant le corps en mouvement sans que cela passe par la tête. Lors de mes recherches, j'avais essayé d'évaluer la proportion de ces gestes automatiques rapportés à ceux qui sont guidés par la conscience dans les actions effectuées chaque jour dans la maison. L'exercice est difficile, d'autant que la modalité la plus fréquente est celle d'un automatisme imparfait, vaguement surveillé de loin par une pensée flottante. Mais le résultat était malgré tout très net : les gestes automatiques, non pensés, étaient très largement majoritaires. Nos actions ordinaires sont guidées par des schèmes cognitifs non conscients que nous avons incorporés.

L'inconscient de la chaussette

Cette mémoire de nous-mêmes a fait l'objet de longues études depuis Aristote, en particulier les travaux philosophiques sur l'habitude[1] et la sociologie de l'habitus développée par Pierre Bourdieu[2]. J'y ai moi-même consacré l'essentiel d'un livre théorique, qui plonge dans cet univers étrange si mal connu[3]. Les sciences cognitives se sont aussi emparées du sujet, parlant d « inconscient cognitif[4] » ou de « mémoire implicite[5] ».

L'imprévisibilité et la violence des éclats irruptifs dans l'univers domestique s'expliquent par la méconnaissance de toute cette profondeur non consciente de la chaussette. Elle surprend soudain, de façon incompréhensible, surgissant des profondeurs impensées. Et elle surprend davantage, plus désagréablement, que d'autres objets du chez-soi. Dans la cuisine par exemple, les automatismes ne se referment pas parfaitement. Il faut sans cesse penser à toute une série de paramètres. Sans compter qu'à chaque instant, même pour un repas ordinaire, un désir d'être plus créatif peut bouleverser le plan habituel pendant une séquence. L'idéal des chaussettes, au contraire, est de se faire totalement oublier, de ne jamais remonter dans les pensées, que le corps qui les range ou les lave soit mû par le seul inconscient cognitif. De toutes les choses qui peuplent la maison, elles sont au plus profond, au plus éloigné de la conscience.

Nous ignorons à quel point les objets qui nous entourent portent en eux une mémoire sociale à laquelle s'ajoute une mémoire personnelle qui nous fondent, formant la base ordinaire de notre personnalité. Dans un ouvrage écrit en 1992, qui se proposait d'analyser le couple par son linge, j'avais écrit cette phrase : « Chaque geste pris séparément, le slip repassé, la chaussette qui traîne, apparaît d'une importance dérisoire. La société est pourtant en lui, dans le slip ou la chaussette constitués en objets sociaux, déterminant l'individu qui croit les manipuler. Ce livre aurait presque pu être entièrement écrit avec le seul exemple de la chaussette masculine[6]. » Trente ans plus tard, ce projet devient donc réalité, la chaussette est exhumée de son oubli habituel. Il m'aura fallu du temps pour formuler ce projet de recherche essentiel.

L'art ménager consiste à penser la chaussette le moins possible, à chaque étape de son traitement. Quand une chaussette devient-elle sale ? Certains résolvent le problème en les mettant à laver après chaque utilisation ou tous les soirs. Rien ne construit mieux un automatisme qu'une répétition régulière. Mais pour les autres, il faut décider, donc analyser, réfléchir. Contexte aggravant : non pas décider pour ses propres chaussettes, mais pour celles du mari, qui a la fâcheuse coutume de les laisser en petits tas informes, en divers endroits du logement. Attitude un peu désinvolte, il l'admet, mais qui conduit en fait à transférer la charge mentale, car ainsi, ce n'est pas à lui de décider. Il évite de surcroît la mauvaise conscience provenant du fait qu'il alourdirait le travail ménager de son épouse (très souvent ce n'est pas lui qui les lave) s'il décidait. En les laissant en tas, ou en faisant traîner la décision de les mettre au sale, il pousse (involontairement ou non) sa femme à prendre la décision, et donc à ouvrir une séquence réflexive. C'est ainsi que se constitue l'essentiel de la charge mentale, par une addition continuelle de bribes de pensée microscopiques.

Reconstituer les paires

Tout commence donc par la décision de mettre au sale. À ce moment crucial, un autre élément d'analyse critique peut pointer : le fameux trou hégelien. Refusant le cogito, beaucoup d'hommes, pour des raisons multiples, tentent de prolonger la durée de leurs chaussettes, ce que refusent beaucoup de femmes (non seulement pour leurs propres chaussettes mais aussi pour celles de leur mari), qui se trouvent donc piégées, contraintes de réfléchir non seulement à la mise au sale mais éventuellement aussi à la mise au rebut. Plus le mari résiste, plus la réflexion se fait répétitive et lancinante, l'amorce de trou accrochant le regard et déclenchant les pensées. La charge mentale est non seulement lourde mais désagréable, animée par le désir d'en découdre.

Puis vient le lavage, qui souvent est moins problématique. Sauf que de très nombreuses femmes ont des critères de tri qui ne se limitent pas à séparer blanc et couleur. Les hommes quand ils utilisent le lave-linge sont beaucoup moins adeptes du tri ; tout est mis ensemble, avec un programme basse température[7]. Certaines ne mélangent pas ce qui est un peu sale ou très sale, d'autres, des qualités diverses de saleté[8].

Plusieurs fois dans mes enquêtes, j'ai remarqué que les chaussettes du mari, parce que trop odorantes, étaient exclues du lavage ordinaire[9]. Madeleine est dans ce cas. Selon elle, son mari « a des problèmes de chaussettes terribles, qui traînent et qui ne sentent pas bon ». L'historien Alain Corbin a démontré combien les odeurs aussi sont des constructions sociales, qui changent selon les époques, la mauvaise odeur n'a pas de définition objective[10]. La crispation sur les senteurs de la chaussette a sans doute des raisons conjugales qui s'ignorent ; le dégoût provoqué ferait le miel d'un psychanalyste. Mais il n'en demeure pas moins qu'une chaussette peut sentir très mauvais et que cela peut compliquer le lavage, contraindre à adopter une organisation particulière, et à devoir y penser.

Enfin, toute une série d'autres étapes ouvrent sur des surprises et dysfonctionnements possibles impliquant à chaque fois une séquence de charge mentale. La sortie du lave-linge est de ce point de vue redoutable. Il faut reconstituer les paires, petit jeu rarement amusant, surtout quand le bleu-gris ressemble au gris-bleu, qu'une paire reconstituée s'avère d'une longueur différente, ou que l'on sombre dans l'insupportable mystère de la chaussette orpheline. Mais ce n'est pas fini. On peut à nouveau constater qu'un trou, à l'état propre, n'est pas plus présentable, qu'une autre chaussette s'avachit. Quand vient ensuite le temps du repassage, celles qui se sont infligé les chaussettes dans leurs obligations peuvent être envahies parfois par le doute (ce qui aussitôt alourdit le geste), surtout si le mari est le premier à se moquer. Enfin le rangement se réfère à des critères de tris particuliers. Retournées par paires en petites boules, ce qui faisait le plaisir de Walter Benjamin enfant, par paires à plat, en vrac dans un tiroir. Il existe aussi la possibilité du vrac absolu, dans un tiroir où les chaussettes de l'homme et de la femme sont mélangées ; dans ce cas, la pression mentale est reportée sur chaque utilisateur. Prises de tête et crises de nerfs garanties.

L'erreur de Descartes

L'objectif est toujours le même : diminuer la pression mentale, éviter que la moindre bribe de questionnement ne remonte au cerveau, surtout à la partie de celui-ci qui tente de traiter rationnellement les problèmes. La méthode la plus radicale est de dérouler un automatisme parfait, ayant incorporé au préalable des évidences inébranlables. Je repasse les chaussettes, non pour telle ou telle raison, mais simplement « parce que c'est comme ça ». Mais en maintes occasions, prendre une décision s'impose, pour éviter que le corps agisse totalement sans la tête. La subtilité consiste alors à utiliser un fonctionnement intuitif et holistique, simple et rapide, très économe en computation neuronale. Dans son livre, *L'Erreur de Descartes*, le neuropsychologue Antonio Damasio démontre que la partie du cerveau recevant les sensations est celle qui est activée[11]. L'usage de l'un ou plusieurs des cinq sens ferme la réflexion rationnelle et entraîne dans une décision fulgurante, laissant le mental computationnel au repos.

Il peut suffire d'un très bref regard pour repérer une paire à la sortie de la machine, de laisser jouer la sensibilité réflexe comme s'il s'agissait d'un pur automatisme corporel. Le procédé marche très bien pour reconstituer une paire de chaussettes rouges et une paire de blanches, beaucoup moins quand il y a dix paires dans les tons gris-bleu. À chaque hésitation, le fonctionnement cognitif monte d'un cran vers une réflexivité plus ouverte, où les arguments s'accumulent et se contredisent. Débouchant sur ce paradoxe fréquent : plus on réfléchit, moins la décision semble claire. Damasio explique comment après de longues délibérations intérieures c'est toujours une décharge émotionnelle, souvent minuscule et non consciente, qui ferme la boîte à questions et construit l'évidence de l'action.

Parmi les cinq sens, seuls l'ouïe et le goût (on ne s'en plaindra pas pour ce dernier) ne sont pas mis en action pour les chaussettes. L'odorat au contraire est abondamment sollicité. Surtout au moment délicat de la décision de mise au sale. Parfois le regard aide aussi, un brunissement en dessous, au contact de la semelle, ou un ramollissement de la tenue générale, donnent déjà des indications précieuses, confirmées par le rapide toucher de l'étoffe, qui on l'espère n'ira pas jusqu'à l'ignominie de s'avérer un peu collant.

Mais rien ne permet mieux de savoir que de renifler la chaussette.

À ce point précis, elle n'est plus seulement celle qui est oubliée, au plus profond de la non-conscience. Elle est celle qui dans l'imaginaire collectif porte une symbolique négative, tout en bas de l'échelle des valeurs, vilipendée, méprisée. Hegel avait choisi le trou, plus présentable, bien que lui aussi problématique. Il n'aurait décemment pu prendre la chaussette sale pour glorifier le cogito. D'autant que celui-ci est habilement contourné par le reniflement décisionnel. Une pratique qui n'est pas sans dangers cependant. En témoigne la mésaventure du pauvre Peng, conduit à l'hôpital de Zhangzhou, en Chine, pour une pneumonie étrange. Après bien des analyses, les médecins découvrent qu'une infection fongique en est la cause. Ils interrogent et interrogent encore le patient. Et découvrent que ce dernier a pris l'habitude de sentir ses chaussettes au-delà du raisonnable. « Parce que c'est bien son addiction au sniffage quotidien de chaussettes portées toute la journée qui a provoqué la maladie. En effet, c'est en inhalant les spores fongiques qui avaient germé et qui étaient restées coincées dans les fibres de tissu, que le champignon a pu se propager dans les poumons de Peng[12]. »

Certes le cas est extrême, mais on ne peut s'empêcher de penser que la décision de mise au sale, qui déjà alourdit la charge mentale, n'est pas, de plus, très bonne pour la santé.

Les qualités de la charge mentale

Plonger son nez dans les chaussettes sales, malgré le désagrément de la chose, montre à quel point le plus important est toujours de baisser la pression cognitive ; mieux vaut une mauvaise odeur qu'une pensée fatigante. La charge mentale des femmes dans l'univers familial est devenue un sujet de forte actualité. Depuis de nombreuses années, en particulier dans mon livre *Le Cœur à l'ouvrage, théorie de l'action ménagère*, je m'étais penché sur ses mécanismes insidieux[13]. Elle provient de la place centrale occupée par les femmes, non seulement dans l'effectuation des tâches ménagères et familiales, mais aussi dans leur supervision et leur organisation ; cela commence désormais à être mieux connu. Mais ce qui l'est moins est la diversité de ses contenus. On peut en effet l'analyser de deux manières. Soit de façon quantitative, en évaluant la saturation cognitive, le poids brut de la charge mentale, soit de façon plus qualitative, en distinguant les caractéristiques de ses composants. Certains en effet ajoutent des perturbations spécifiques, parfois virulentes. Deux modalités en particulier :

les contenus reliés à des angoisses diverses, et le déclenchement d'agacements inopinés. Ils sont importants à étudier car leurs effets sont différents de la simple fatigue. Alors que le poids mental provoque de l'épuisement, de la déprime et une inefficacité dans l'action, l'impression de ne plus y arriver, l'angoisse et les agacements ajoutent du stress et de l'irritabilité[14]. Selon un sondage auquel j'ai collaboré, pour 9 personnes sur 10, la charge mentale est à l'origine de conflits dans le couple[15].

Je ne m'étendrai guère sur la question des angoisses, qui nous entraînerait hors de notre sujet. Il suffit de noter ici qu'un jeu de rôle remarquable s'établit dans les couples d'aujourd'hui, opposant assez clairement hommes et femmes. Ces dernières, notamment parce qu'elles assument l'essentiel des responsabilités familiales, se transforment en gardiennes des risques, envisageant tous les problèmes qui pourraient survenir, surtout aux enfants. Alors que leurs maris ont tendance à tordre le bâton dans l'autre sens, minimisant les dangers et développant une fonction d'idéologues de la décontraction[16]. Ce jeu de rôles complémentaires assez étonnant, mais très largement répandu, divise le couple en deux univers émotionnels. Pour les femmes, les peurs, les scénarios sombres, les tremblements. Pour les hommes, la légèreté, les rires, les jeux avec les enfants. Quand la charge mentale accumule des effrois et des anxiétés, avec en plus le sentiment de ne pouvoir les partager, elle prend facilement une tournure plus dramatique que la simple fatigue.

La dissonance cognitive

L'agacement s'inscrit dans un contexte très différent. Nous sommes tentés de le considérer comme une simple petite saute d'humeur, passagère et sans importance. Il s'agit au contraire d'un mécanisme majeur (qui explique par exemple la répartition inégale des tâches ménagères) et très mal connu, alors que son fonctionnement est précis et peut être mis au jour. Il est au centre de ce qui se joue dans le petit théâtre des chaussettes.

Les agacements sont innombrables, tous les jours, dans tous les couples ; ils sont des régulateurs de l'action ordinaire. Nous les ignorons parce qu'ils sont continuellement refoulés ; seuls ceux qui éclatent soudain parviennent à la conscience. Leur origine est toujours la même, reposant sur un principe de psychologie expérimentale qui a été étudié pour la première fois par Leon Festinger en 1957 : la dissonance cognitive[17].

Le principe est très simple. Nous refusons obstinément d'être contradictoires, surtout quand nous devons agir ; toute action exige des repères unifiés. Or il arrive que deux schémas concurrents se présentent à nous, et c'est totalement inacceptable. J'achète par exemple des tranches de jambon dans un emballage plastique sur lequel est écrit : « ouverture facile », parfois agrémenté d'un petit dessin qui illustre la facilité promise. Un réflexe courant pousse à croire à cette promesse, y compris quand des expériences malheureuses ont prouvé le contraire par le passé. Pourtant, il arrive (assez souvent) que l'objet réel résiste et ne confirme pas la promesse. Plus l'emballage se fait récalcitrant, plus l'agacement monte, incitant parfois à des gestes barbares pour atteindre au plus vite l'ouverture espérée. L'élan émotionnel force les choses pour les contraindre à correspondre au schéma mental idéal, en contournant autant que possible la pensée réflexive. Ce qui peut conduire à quelques accès de violence contre la pauvre enveloppe en plastique.

Le premier degré de l'agacement oppose donc deux schémas rivaux au sein d'un même individu. Contrairement à l'exemple du jambon cependant, le plus souvent le schéma de référence n'est pas visible ni même conscient. Il est stocké dans les profondeurs de la mémoire implicite. Nous ignorions son existence mais il nous agite chaque jour.

Il est le responsable, déclenchant la foudre de l'agacement quand le regard surprend un objet qui n'est pas à « sa » place.

L'objet en fait n'a pas de place prédéterminée, aucune, jamais. C'est nous, dans notre longue histoire sociale, et notre histoire personnelle, qui lui avons attribué une place, dont les références sont inscrites dans l'inconscient cognitif. L'objet qui n'est pas à « sa » place porte un schéma concurrent, la dissonance cognitive libère alors l'irritation qui met le corps en mouvement. Le but étant d'effacer ce perturbateur et de retrouver la sérénité initiale. Un tas de poussière pousse à prendre le balai, un amoncellement de papiers dans le bureau déclenche soudain une fureur rangeresse.

Sauf que pour la chaussette, ça se complique un peu. Il est rare en effet que l'agacement provienne de sa propre chaussette. Le cas le plus fréquent est celui d'un agacement féminin provoqué par la chaussette du mari. Nous sommes alors en présence non plus d'une confrontation entre deux schémas concurrents mais, en théorie, de quatre. Ramenés en fait à deux, non plus à l'intérieur d'une même personne mais opposant les partenaires conjugaux.

Je suis désolé, c'est un peu compliqué, je m'explique.

Les deux protagonistes ont chacun un système de schémas incorporés définissant les places des objets. Systèmes très contrastés, dans tous les couples, généralement plus rigoureux du côté des femmes, plus tolérants du côté masculin ; la place idéale non consciente n'est pas la même dans les deux camps. Toutefois ces deux systèmes ne s'affrontent pas directement. Quand la femme voit une chaussette qui traîne, elle agit comme avec la plaquette de jambon, s'agace, et d'un coup de nerf ramasse la chaussette. L'homme reste extérieur au petit drame qui s'est joué. Du moins le croit-il. Car le schéma incorporé féminin s'est opposé à la chaussette qui, en traînant par terre, portait en elle l'ordre concurrent, celui du mari (peut-être, sans son épouse, l'aurait-il quand même rangée un peu plus tard). À ce moment, la femme est donc victime d'un double agacement, celui qui l'agite en elle-même pour déclencher l'action, et celui qui l'oppose à son mari, coupable de désordre (selon sa propre définition de l'ordre). Ces deux agacements se mélangent sans être pourtant de même nature ni avoir les mêmes effets. La victime cherche parfois à les démêler, mais généralement la vindicte conjugale est refoulée et ne fait qu'accentuer les explosions intérieures.

Car la chaussette masculine est explosive dans le couple.

Ah tu pourrais ranger tes chaussettes !

Les chaussettes ne sont pas les seules à « traîner », le reste des vêtements aussi, assez souvent abandonnés en tas informes pour une durée provisoire qui tend à se prolonger. L'analyse comparée des deux côtés du lit dans la chambre à coucher est très révélatrice ; les deux éthiques du rangement ne sont pas les mêmes, deux mondes de l'ordre du linge se font face[18]. Les hommes sont davantage porteurs d'une morale libertaire, acquis à la fluidité et à l'insouciance. Dans mes enquêtes, quand je visitais des logements, les personnes adeptes de cette même morale me disaient souvent : « Ne faites pas attention, chez moi, c'est maison vivante. » Et j'ai vu en effet des maisons très vivantes.

Surtout chez de jeunes hommes célibataires. Tous les hommes ne sont pas ainsi bien sûr, il en existe même de très « maniaques » (les maniaques n'existent que sous le regard des autres). Après les premiers temps d'autonomie ménagère, où le chaos parfois menace, il est fréquent que les hommes affichent dans leurs pensées des scénarios idéaux plus exigeants. Le corps ayant beaucoup de peine cependant à déclencher les « coups de nerf » indispensables à leur concrétisation. C'est souvent à ce moment de forte tension interne qu'une rencontre amoureuse les délivre du problème. La nouvelle compagne étant plus rapidement agacée par les chaussettes qui traînent, elle les ramasse d'un geste réflexe et rageur avant qu'ils aient eu le temps d'esquisser l'ébauche du début d'un mouvement. Chacun son rôle et la vie devient plus simple et facile. Pour les hommes bien sûr, qui prennent l'habitude du rangement invisible et magique de leurs chaussettes ; ils n'ont même plus l'impression de les laisser traîner.

Beaucoup de choses se jouent au tout début du couple, une partie de l'avenir se dessine dans le ramassage de la première chaussette.

De la chaussette ou de l'ensemble des autres vêtements ? L'agacement libère souvent une petite phrase de colère et de dépit. Parfois on entend : « Ah tu pourrais ranger tes affaires ! » Mais le plus souvent elle se résume à un cinglant : « Ah tu pourrais ramasser tes chaussettes ! » Il y a eu fixation, cristallisation d'un ensemble de perceptions plus ou moins nettes, sur le plus visible, le plus symbolique, concentrant l'agacement : la chaussette. La petite phrase colérique signifie bien d'autres choses, d'autres irritations, d'autres insatisfactions, mais toutes se reportent d'un coup sur l'unique chaussette, bouc émissaire commode permettant d'éviter d'autres explications plus délicates. À peine prononcée d'ailleurs, surtout si elle a été violente, la phrase apaise, met fin à l'agacement et rétablit un équilibre psychologique. Comme si l'on s'en voulait d'avoir été un peu injuste avec la pauvre chaussette, porte-drapeau involontaire de mille doléances tacites.

La dialectique des contraires

D'autant que c'est un porte-drapeau étrange, qui casse le désir de révolte. Car la chaussette est désarmante, elle fait rire, elle est invariablement tournée en dérision et génère des plaisanteries. Constituée en objet conjugal sensible, elle est aussi socialement constituée en objet dérisoire et comique. « Je ne sais pas ce que j'ai à m'énerver après ses chaussettes, on ne va quand même pas divorcer pour ça » nous confie Mathilde. « Ça m'énerve sur le moment, mais quand j'y réfléchis à d'autres moments, ça me fait plutôt rire » ajoute Régine. De la colère au rire et inversement, une nouvelle fois ici la chaussette révèle son caractère intrinsèquement ambivalent et profondément dialectique ; dans toutes sortes de situations, elle se retourne en son contraire. Il est étonnant que Hegel, grand penseur de la chaussette, par ailleurs quelque peu dialecticien, n'ait pas souligné cette caractéristique récurrente.

Une autre ambivalence est repérable dans la petite phrase culte, car on ne sait pas trop à qui elle s'adresse vraiment. Elle prend très rarement une forme impérative (« Tu vas me faire le plaisir de ranger tes chaussettes ! »), mais est prononcée au conditionnel, à très haute voix (parfois remplie de rage), sans regarder l'interlocuteur, sans s'adresser à lui en face-à-face, les yeux restant fixés sur la chaussette. La femme en colère ne s'adresse pas à cette dernière, bien sûr, la phrase est déclamée dans le vide, avec pour fonction de libérer l'agacement. Elle est parallèle à l'action et la facilite en extériorisant le ressentiment accumulé. Parfois, Régine ne dit rien, et se contente de ramasser les chaussettes qui traînent, refoulant l'agacement. Par contre, quand elle lance la petite phrase, cela lui fait du bien, et elle a l'impression à la fois de s'être libérée d'un poids, d'avoir dit (avec une pointe de violence) des choses fortes à son mari.

Mais en réalité, le quiproquo communicationnel est total car le mari n'entend guère. La petite phrase mille fois entendue glisse et se perd comme toute routine langagière sans signification. Pour lui, « Ah tu pourrais... » n'indique qu'une opinion personnelle de sa femme, peut-être une légère déception, mais ne l'implique en rien sur le rangement de ses chaussettes. Qui régulièrement d'ailleurs est parfaitement effectué.

Alors, à quoi bon faire un effort pour comprendre le message entendu du coin de l'oreille ? Yannis et sa compagne donnent l'impression de communiquer davantage. En réalité leurs confrontations prennent la forme d'échanges verbaux, brefs et nerveux, où chacun n'écoute que lui-même. Yannis, très économe et veillant de près sur la facture d'électricité, est fortement agacé par sa compagne qui laisse la lumière allumée quand elle quitte une pièce. Il crie alors : « Eh ! C'est pas Versailles ! » Elle lui répond du tac au tac : « Et toi, tu laisses traîner tes chaussettes n'importe où ! » Chacun reste dans son camp et répond à l'adversaire par son agacement principal et son argument favori. Répliques répétitives de leur petit théâtre. Souvent sous forme de comédie, mais pouvant virer au drame quand l'agacement est trop fort. La chaussette ne fait pas toujours rire.

Vengeances secrètes

Parfois c'en est trop pour la femme, et la guerre des chaussettes est déclarée. « La tension monte, dit Zoé, à propos des chaussettes au milieu du salon. » Ne voulant plus laisser passer ce qui la fait bouillir intérieurement, elle a décidé d'organiser sa vengeance. Terrible. Avant de voir comment elle procède, il faut dire un mot des chaussettes qui traînent dans le salon.

« Ah tu pourrais ranger tes chaussettes ! » remplace donc souvent « Ah tu pourrais ranger tes affaires ! » pour la raison que j'ai signalée, mais pour une seconde raison aussi, toute bête, objective : les chaussettes traînent plus que d'autres vêtements. En particulier dans le salon. J'avais ainsi repéré au cours de mes enquêtes une scène rituelle assez fréquente. L'homme arrivait, heureux de pénétrer dans le doux chez-soi et de se laisser couler dans une mollesse régressive. Il s'affalait dans le canapé, retirait ses chaussures, ses chaussettes, se disant vaguement qu'il les rangerait plus tard. Mais pour le moment l'important était de vivre avec le plus d'intensité possible la philosophie de l'abandon de soi, du vide intérieur, de goûter la paradoxale plénitude de cette expérience existentielle[19]. Expérience si bien réussie qu'il en oubliait ses chaussettes, ou qu'il ne souhaitait pas rompre l'enchantement du refus de l'effort. Or sa femme, qui n'avait pas participé à cette plongée méditative, ne voyait, elle, qu'une seule chose : les chaussettes au milieu du salon.

Zoé avait procédé en trois étapes, signant trois graduations de l'action. Au début, comme tout le monde, elle avait crié « Ah tu pourrais ranger tes chaussettes ! » Ce qui ne produisit aucun effet. « Je refuse de les ranger moi-même dans le panier à linge. Je ne suis pas sa mère ! » Elle décida donc de raisonner Charles-Henri, lui livrant de longues explications et recommandations sur le rangement des chaussettes. « Sa réaction ? Il se transforme en petit garçon pris sur le fait et il s'excuse en partant tout penaud vers la salle de bains. Ce qui m'énerve autant que de trouver ses chaussettes parce qu'il se trompe de rôle. Je n'ai jamais voulu de troisième enfant. » Alors elle est passée à la vengeance ouverte, d'une violence inouïe. Le soir, elle ramasse les chaussettes sales sans rien dire, les garde précieusement dans un coin, et le matin les met dans le bol (vide) de son amoureux avant qu'il n'arrive pour prendre son petit déjeuner. On imagine le goût conjugal très amer du café, qui porterait bien son appellation de jus de chaussettes.

En quarante ans de recherches sur les bonheurs et les malheurs du couple, la chaussette m'a été citée un nombre incalculable de fois dès que l'agacement pointait sa triste figure. Et encore plus souvent lorsqu'étaient envisagées des vengeances (plus ou moins) secrètes pour rétablir un équilibre psychologique. La chaussette est une arme de rétorsion massive dans le couple. Et redoutable. Voici un florilège d'exemples.

Le mari de Geneviève lance de loin ses chaussettes dans le panier à linge, s'amusant à simuler un jet de basket. Malheureusement il rate régulièrement la cible et ne les ramasse pas. Geneviève les range alors précautionneusement dans un filet ajouré. « Et le jour où sa maman est là, je traverse le living avec. “Ah, j'ai retrouvé ton filet à chaussettes sales.” » Esther place toutes les chaussettes qui traînent sous l'oreiller de son tendre époux, Valérie dans l'armoire de toilette, Marie dans l'armoire à côté des chaussettes propres, Laetitia dans la poubelle, Christelle dans le sac de travail de son mari. Véronique, plus ludique, reconstitue volontairement des paires dépareillées. « Une vraie gamine ! » Farida va plus loin, elle sépare les paires après lavage et cache une des deux, condamnant son mari à vivre un enfer mental démultiplié de chaussettes orphelines. Albane mélange les caleçons de ses enfants dans le tiroir à chaussettes de son homme et elle rit aux éclats quand il hurle lorsqu'il est en retard et fait une mauvaise pioche.

Utilisée comme une arme qui fait du mal à l'adversaire, la chaussette procure alors beaucoup de bien à soi-même.

Une communauté qui s'ignore

Pour le meilleur et pour le pire, nous vivons une époque ou des communautés se regroupent pour exprimer leurs doléances, avec le risque permanent de l'enfermement communautariste. Elles n'ont pas de définition naturelle et atemporelle, ne cessant de se remodeler ; certaines se forment, d'autres s'affaiblissent ou disparaissent. Il en existe même qui restent à l'état de potentialité, sans conscience d'exister. C'est le cas des *Femmes victimes de la chaussette du mari*. Il suffit que la chaussette fasse irruption à la surface médiatique, en posant les bonnes questions, pour que le groupe découvre sa surprenante unité et son caractère vibrant. Si par bonheur ce livre déclenchait un tel mouvement, j'espère que les dérives du communautarisme seront évitées, qu'une guerre violente menée contre les hommes au nom de la chaussette ne provoquera pas encore plus de divorces. Mais que les femmes sauront au contraire les impliquer dans leur lutte, et que l'homme nouveau apparaisse, capable de ranger ses chaussettes.

Depuis quarante ans je constate l'existence de cette communauté, souterraine et qui s'ignore. Parfois une étincelle montre qu'elle est prête à surgir sur le devant de la scène. Ce fut le cas par exemple quand un bel article (« L'homme et ses chaussettes ») fut posté sur son blog (*Le blog de la méchante*) par Eleonore Bridge, et qu'il reçut 120 commentaires enthousiastes, dans lesquels chacune se reconnaissait avec surprise et bonheur[20].

Premier point, bien sûr, les chaussettes qui traînent. Eleonore avait lancé ainsi les témoignages. « Il y a cette manie qu'il a de toujours les laisser traîner en évidence à la maison (bon ok j'avoue, je suis pas la dernière à jeter mon soutif n'importe où). Mais il y a toujours eu comme une sorte d'affront dans sa façon d'exhiber ses chaussettes au milieu de la pièce qu'on soit dans une chambre de bonne ou un studio. Il a même osé un jour les laisser sur mon ordinateur, c'est vous dire. L'homme marque son territoire avec ses chaussettes, c'est comme ça[21]. »

Un chœur de victimes lui répondit en écho. Clacla : « Mon homme souffre également du syndrome de la chaussette laissée au pied du lit en allant se coucher et pire celles laissées à côté du panier à linge sale... juste à côté... » Yaya : « Bon je rejoins le club... mon homme, mon cher amoureux, croit que les chaussettes sales se mettent soit sous la table de salon (alors qu'il range bien comme il faut ses chaussures) ou alors au bout du lit par terre (la honte bien souvent je retrouve ma fille de deux ans et demi jouer avec les chaussettes sales et blanches de papa "c'est des gants "me dit-elle). » Momoiselle : « AHH les chaussettes de mon amoureux je pourrais en faire un roman ! Elles se faufilent partout ! Derrière la porte de la salle de bains, derrière le bureau de son ordinateur, elles me narguent en dépassant de sous le canapé. Je les déteste ! » Little S. : « Tous les soirs il me les pose au milieu du salon… c'est fou[22]. »

Certains témoignages soulignaient surtout le bonheur de ne plus se sentir seule face à ce terrible problème ; la chaussette du mari était constituée en phénomène social, et cela avait un effet (joyeusement) libérateur. Marianne : « Ah, merci, je ne suis pas la seule non plus ! Bon, comme tout le monde, j'en retrouve un peu partout dans l'appart. » Elo Coquette : « L'éternel coup des chaussettes… Je ne sais pas si c'est rassurant de constater que nous ne sommes pas face à des cas isolés, mais plutôt un phénomène touchant la quasi-totalité des hommes ! » Ninette : « Eh j'ai le même à a maison ! » Pandora : « Alors ça… je ne me suis jamais posé la question, je pensais que mon mec était le seul alien à laisser traîner ses chaussettes un peu partout[23]. »

À ce point, la communauté (des femmes victimes de la chaussette) qui n'est encore que dans les prolégomènes de son éventuelle formation est déjà guettée par le risque de dérive vers l'essentialisme communautariste ; les hommes seraient tous les mêmes (généralisation abusive) et impossibles à réformer quant à leurs chaussettes (réductionnisme naturaliste). Annouchka : « J'ai le même à la maison, donc j'en conclus que tous les hommes sont pareils. » Noisette : « Ton récit me rassure, ça doit faire partie de leur ADN. » La conséquence inévitable est un déclenchement d'hostilités plutôt que le travail éducatif. Ninette : « Il a bien intégré le concept du panier de linge sale pour tout le reste même les caleçons, mais les chaussettes c'est vrai que je lutte encore même si j'ai trouvé la complice idéale pour le motiver : la CHIENNE, qui peut à tout moment lancer une attaque et s'occuper de leur sort (pas rebutée par l'odeur la bête) s'il les laisse traîner[24] ! »

La chaussette trouée au-delà du cogito

Deuxième scène remarquable de l'agacement : la chaussette trouée. Pour Hegel, elle déclenche le cogito. Mais l'enquête minutieuse sur le comportement masculin dans les chaumières montre que ce cogito en réalité est souvent faible, l'homme faisant preuve d'une grande tolérance et d'une capacité d'accoutumance au trou. Ce dernier par contre provoque des fulgurances dans le cerveau de sa partenaire, pas du tout sous la forme du calme et studieux cogito. Il s'agit d'éclairs émotionnels, pouvant même devenir incontrôlables. Eleonore avait ouvert le feu. « Et enfin il y a les survivantes : ces saletés de chaussettes pleines de trous qu'il garde et couvre d'amour. Quand je le somme de les jeter, c'est comme si je lui suggérais de torturer des bébés labradors… Il faut croire que c'est sa cause à lui, car il adopte aussi : je l'ai déjà vu récupérer un sac de vieilles chaussettes que son frère allait jeter pour les ramener à la maison. Il a donc un cimetière de chaussettes dans son placard, bien caché car il sait que je n'en ferais qu'une bouchée si je tombe dessus[25] ! »

Et une nouvelle fois les commentaires furent unanimes. Étincelle : « Je vois qu'on a toutes le même problème ! Moi je suis en guerre contre les chaussettes trouées. Même que quand je vois un trou et que je lui dis "tu m'avais dit que tu les jetterais" il répond toujours (de mauvaise foi) "oh mais à mon avis ce trou vient de se faire, je ne l'avais pas ce matin." » La situation évidemment s'aggrave quand la pauvre victime tombe sur un troueur de chaussettes invétéré. Noémie : « Face à l'ennemi, j'ai l'impression d'être Don Quichotte : à peine les chaussettes trouées remplacées par des chaussettes neuves, je crois que je vais enfin pouvoir savourer ma victoire, mais non ! Les neuves sont déjà trouées et tout est à recommencer[26] ! »

Régulièrement, dans de nombreux couples, la discussion s'engage à propos des chaussettes trouées du mari ; régulièrement deux conceptions du monde s'opposent. Face à la philosophie politique conservatrice, économe et écologiste du mari, la femme ne rêve que de révolution et, comme le chante *L'Internationale*, de faire table rase du passé. La vision du trou l'envahit d'un irrépressible désir de jeter les chaussettes. Certaines prennent le parti éducatif de longues discussions, et développent des tactiques subtiles frôlant la corruption quand des cadeaux de chaussettes neuves se multiplient. L'idée est d'obtenir en retour l'abandon des vieilles chaussettes. Mais il arrive que le mari accepte le cadeau tout en ne parvenant pas à renoncer aux anciennes, le résultat étant un remplissage extrême du tiroir à chaussettes, encore plus pénible à ranger. Anne organise des « réunions chaussette », et deux fois par an, elle commande « plein de paires » Calvin Klein, sa marque préférée. « À la réception, on prend ses boîtes à chaussettes et là je suis implacable : on les vérifie toutes et les trouées doivent s'en aller pour laisser la place aux toutes neuves. L'excitation compense la douleur, un peu. Ça marche mais il ne doit pas voir le moment où je les jette[27]. »

D'autres femmes agacées ne peuvent réprimer des gestes de violence à l'encontre des chaussettes trouées. Voyez Chipie (les faits décrits ne sont sans doute pas strictement objectifs, mais son exagération témoigne de son degré d'énervement) : « Et il a tiré la tronche le jour où j'ai volontairement élargi un trou de la taille du Texas dans une vieille chaussette qu'il devait posséder depuis dix ans au bas mot. » Emma n'agrandit pas les trous mais elle crie très fort. Il faut dire qu'elle a « à la maison un futé sentimental qui a réponse à tout », et qui argumente pied à pied pour chaque chaussette menacée. « Tu n'y penses pas ! Celles-ci, c'est celles que j'ai achetées avec toi chez Century 21 à New York. » Et quand il sent que la foudre peut tomber, « il les emmène pour les stocker chez sa maman[28] ».

*La place des chaussettes**

Outre les chaussettes qui traînent et les chaussettes trouées, bien d'autres situations provoquent des agacements. Les chaussettes de sport blanches par exemple (en dehors de la question de la mode ou du mauvais goût), peuvent poser de redoutables problèmes de lavage. Ocre rouge d'un terrain de tennis ou traces résistantes sous la semelle, le blanc souvent parvient difficilement à redevenir parfaitement blanc, suscitant une légère mais désagréable irritation latente.

La plupart de ces agacements sont provoqués par la confrontation des deux systèmes de

* Cette phrase reprend le titre du livre de Christian Marazzi, *La Place des chaussettes*, 1997. Beau titre. Hélas comme trop souvent, la chaussette n'y est mise en vitrine (avant de disparaître excepté quelques lignes) que pour son effet irruptif.

manipulation et de rangement. Puisque deux personnes touchent le même objet, et surtout le touchent de manière non-consciente, il faut s'accorder sur des manières et une place commune, au risque sinon d'une dissonance cognitive provoquant des irritations.

Prenons le cas du retournement des chaussettes. Dans certains couples, on ne les retourne jamais, le problème est réglé. Mais assez souvent, des femmes (plus exigeantes que les hommes en manières de lessive) retournent les vêtements avant de les mettre dans la machine pour protéger la fibre et éviter les bouloches. Soit elles acceptent cette surcharge ménagère (retourner pour laver, puis remettre à l'endroit avant de ranger), soit l'indifférence et le manque de volonté du mari déclenchent l'agacement (pour sa défense il faut dire que son schéma idéal ignore le retournement ; pour son accusation néanmoins, il se satisfait très bien de rester extérieur au problème).

Voyez comment Sophie s'est piégée dans un enchaînement d'agacements et de petites vengeances. « Lui aussi abandonne ses pauvres chaussettes partout et, un truc qui m'énerve au plus haut point (c'est moi qui m'occupe du linge) : il les met dans le panier à linge sans les retourner ! Un jour, j'en ai eu marre de retourner les chaussettes (propres avant de les remettre dans le placard). Du coup, je ne retourne plus rien, je les range à l'envers[29]... » Il est peut-être nécessaire de préciser qu'elle n'a pas changé ses gestes quand elle met à laver, elle les retourne encore, c'est inscrit en elle, elle ne peut faire autrement ; sa révolte ménagère consiste désormais à ne pas les retourner une seconde fois quand elles sont propres, donc à les ranger à l'envers.

Mais son partenaire s'aperçoit-il toujours que ses chaussettes sont à l'envers ? Si ce n'est pas le cas, le risque est grand qu'il les porte ainsi et les mette à laver de même. Comment Sophie devra-t-elle alors procéder ? La chaussette déjà à l'envers sera-t-elle prête ainsi pour le lavage, ou bien, l'envers étant devenu l'endroit dans l'usage, faudrait-il la retourner à nouveau ? J'ai bien peur que la petite vengeance de Sophie ne lui apporte guère de sérénité mentale.

Les chaussettes retournées ne sont qu'un paramètre du rangement parmi beaucoup d'autres. À chaque étape de leur traitement (le tas de linge sale, le lavage, le séchage, le tas de linge propre en attente de repassage, enfin le rangement dans une boîte, un tiroir, un « coin » à chaussettes), elles ouvrent sur un éventail de possibilités diverses. L'étendage pourra être aléatoire ou associé par paires, le tas de linge propre, en vrac ou pré-rangé. Cette série de places particulières, qui généralement intéresse peu le mari, débouche sur la place finale, où elles sont stockées en vue de leur utilisation future. Les emplacements momentanés sont gérés par la mémoire incorporée logée dans l'inconscient cognitif. Au moindre dysfonctionnement (le cas classique est la chaussette qui a perdu sa jumelle), la dissonance cognitive provoque d'abord un agacement puis, si cela ne suffit pas pour résoudre le problème, la pensée réflexive entre en action, et aggrave la charge mentale.

La plupart du temps, les séquences d'agacement et les bribes de charge mentale n'intéressent que la femme, seule en tête-à-tête avec la chaussette de son mari. La problématique ne s'élargit au couple que lorsqu'une petite crise éclate, à propos d'une chaussette qui traîne ou trouée. Ou bien autour de la place finale, si un mari peine à trouver la chaussette qu'il souhaite porter. Quand il lance une phrase du genre « Mais où est-ce que tu as mis mes chaussettes rouges ? ! », parfois d'une manière un peu vive trahissant un léger agacement, il se passe quelque chose qu'il est important de souligner.

Peut-être que les chaussettes rouges sont dans le lave-linge en train de tourner, et seule l'épouse le sait. La question du mari est donc logique. Mais logique dans le cadre d'une répartition inégalitaire des tâches. La femme peut à ce moment précis prendre brièvement et intuitivement conscience de cette injustice ménagère, et surtout du surplus de charge mentale que cela induit : c'est à elle d'avoir en tête (même si cela est souvent refoulé dans l'inconscient) l'enchaînement des localisations de la chaussette. Et nous ne parlons pas de la chaussette des enfants, d'une charge familiale générale, mais de la chaussette d'un individu particulier : son mari. Le problème devient explosif quand la chaussette n'est pas dans le lave-linge, mais à « sa » place, dans le tiroir, et que le mari en question, en faisant un petit effort, pourrait très bien la trouver par lui-même. Le confort conjugal du mari est de savoir qu'il peut se reposer sur son épouse : c'est elle, plus que lui-même, qui a sa chaussette dans la tête.

Dans mon livre, *La Trame conjugale*, j'écrivais en 1992 : « Ce n'est pas un hasard si la femme a cette idée sur la place de la chaussette : elle lui vient d'un long passé incorporé, ce geste minuscule contenant une infinité de catégories de classement. » Et j'en tirais la conclusion suivante : « Certains des enjeux majeurs de notre époque, telle l'égalité entre hommes et femmes, sont étroitement dépendants des gestes les plus simples. C'est pourquoi cet ouvrage d'ethnographie du détail est aussi un livre très politique. » Il n'y a pas plus politique que la chaussette du mari dans un couple. Et pas seulement à l'intérieur du couple.

Professionnellement, les femmes sont massivement employées dans le secteur du nettoyage et du rangement, où elles remettent en ordre des objets majoritairement dérangés par des hommes. Quand elles nettoient une chambre d'hôtel, la différence est très nette entre celles qui sont occupées par des hommes et celles qui sont occupées par des femmes. La sociologue Maria Bernardete Ferreira de Macêdo l'a constaté dans une enquête. « Le nombre de gestes à faire s'intensifie quand les clients sont des hommes. On trouve des chemises, des chaussettes, des ceintures, des pyjamas mal rangés ou même jetés par terre. Il est très rare de constater un tel désordre dans une chambre occupée par une femme. » Le fait d'avoir à ranger les chaussettes des hommes les choquent rarement. « Cette activité est familière pour ces femmes, car elles considèrent que c'est la même que chez elles : on est là pour ramasser les chaussettes, les chaussures, les serviettes. On fait pareil à la maison[30]. » La chaussette qui traîne est un révélateur crucial de l'inégalité entre les femmes et les hommes.

Certaines alourdissent encore la charge mentale qu'elles supportent ; ce sont elles qui achètent les chaussettes de leur mari ou qui prévoient les paires qui seront nécessaires quand elles bouclent une valise avant un voyage. À l'inverse, tous les hommes ne sont pas à mettre dans le même panier, il existe même des maniaques du rangement des chaussettes, ou des jeteurs intransigeants des chaussettes trouées. Chaque couple est un univers culturel particulier, opposant et associant les deux mondes qui le composent. Il existe aussi des variations nationales notables. En Europe, les femmes qui achètent les chaussettes de leurs maris sont surtout des Anglaises et des Autrichiennes. Les Suissesses et les Françaises accumulent quant à elles la charge mentale classique liée au tri, car leurs maris sont ceux qui mettent le moins régulièrement leurs chaussettes à laver (surprenant pour les Suisses, qui nous ont habitués à mieux question propreté[31]). Les Italiennes sont celles qui s'en sortent le mieux, car le turn-over est intense dans le tiroir à chaussettes ; achats fréquents et vielles chaussettes jetées. Au contraire les Allemands sont des cumulards ; ils achètent beaucoup mais sans trop jeter. Résultat : 24 paires en moyenne dans le tiroir, c'est le record européen[32].

Les deux font la paire

Outre les chaussettes qui traînent ou celles qui résistent à la poubelle malgré leur trou manifeste, la cause la plus fréquente d'agacement est l'horripilant problème de la reconstitution des paires. La gestion des chaussettes serait infiniment plus simple si elles n'allaient pas systématiquement par deux. À chaque instant pourtant, à commencer par le tas informel des débuts, quand elles ne « traînent » pas toujours ensemble, que l'une s'égare en chemin, et que la femme doit s'imaginer en Sherlock Holmes pour retrouver la disparue.

L'idée qu'une chaussette ne puisse jamais se dissocier de son double est tellement ancrée au plus profond des croyances de notre époque, vécues comme des vérités intangibles, que le moindre écart provoque des perturbations. Dans l'espace public, le regard est immédiatement accroché ; et les chaussettes dépareillées du professeur Bertlmann déclenchent les hautes spéculations théoriques de John Bell sur la nature de la réalité. Dans l'espace privé, l'agacement surgit à la moindre séparation ; il est absolument inconcevable qu'une chaussette puisse vivre sa vie librement. Prenez le cas extrême des personnes atteintes d'une anomalie génétique les empêchant de distinguer les couleurs. On se dit que dans une telle situation, l'injonction à former des paires pourrait être oubliée. Eh bien non ! Les aveugles à la couleur inventent des stratagèmes (notamment une épingle de nourrice attachant les paires[33]) pour que la sacro-sainte croyance ne soit pas remise en cause. À l'heure où les libertés individuelles ne cessent de croître, la chaussette ne parvient toujours pas à s'émanciper.

Le drame de la chaussette orpheline

Cette injonction normative ouvre une source d'agacement supplémentaire, à chaque étape du traitement ménager, quand, on ne sait pas trop pour quelle raison, une chaussette s'est échappée. Décharge émotionnelle négative, puis réflexion/charge mentale ; il faut à tout prix, séance tenante, la retrouver. On fouille, on retourne pour la dixième fois le panier à linge, on fait le tour de la maison. Mais où peut-elle donc être ? Et quel est le mystère de sa disparition ? Parfois une chaussette tombe derrière le radiateur sur lequel elle séchait, une autre est dérobée par un fétichiste, une dernière, un jour de grand vent, quitte le fil à linge et s'envole, disparaissant à jamais. Et plongeant l'infortunée ménagère dans un abîme de conjectures pour tenter de résoudre l'énigme. Le moment crucial cependant, redouté tant l'expérience est fréquente, est la sortie du lave-linge. Après le pénible exercice habituel de reconstitution des paires arrive le moment du constat traumatisant : une chaussette a été brutalement abandonnée par sa conjointe, et se retrouve donc veuve, divorcée de force, ou provisoirement célibataire – on ne connaît même pas sa situation exacte.

Dans l'ensemble des agacements qui surgissent de la chaussette, celui-ci est tellement particulier et reconnaissable qu'un nom est apparu un jour et s'est imposé dans les usages courants : le mystère de la chaussette orpheline. L'appellation n'est pas très juste, la chaussette est en effet abandonnée, séparée, plutôt qu'orpheline. Mais tout le monde a immédiatement compris la formule. Elle exprime la soudaine solitude, terrible et incomprise, comme si un obscur destin s'était acharné sur la chaussette. Et sur la ménagère.

Par rapport à la chaussette en général, celle que l'on appelle orpheline développe un pouvoir irruptif démultiplié, au moment de l'agacement et de la place envahissante prise alors dans les pensées (on ne parvient plus à réfléchir à autre chose), mais aussi plus largement sur la scène publique et médiatique. Il suffit de prononcer la formule pour qu'il y ait de l'électricité dans l'air, et qu'elle suscite le désir d'être pointée en haut de l'affiche. On ne sera donc pas surpris que des livres la mettent en titre ou l'épinglent en introduction sans en parler par la suite[34]. Ou que d'autres en prennent prétexte pour tisser des fictions baroques. Telle Marie Vareille, dans *La Vie rêvée des chaussettes orphelines*, qui invente un PDG fantasque, dont la start-up se donne pour objectif de réunir les chaussettes orphelines de par le monde[35]. La littérature pour enfants en particulier déborde d'imagination à leur propos. Gillian Johnson, dans *The Lost Sock*, suggère que des trous à l'arrière des machines à laver transportent les jumelles des orphelines* vers une planète des chaussettes perdues.

Les perturbations cognitives provoquées par la chaussette orpheline sont pesantes et agrègent des contenus divers, qui par leur cacophonie aggravent le dysfonctionnement. Émotions et pensées se contredisent et partent dans tous les sens : agacements, gestes compulsifs, séquences de froide réflexion ou d'observation, doute quasi mystique. Rires aussi parfois. Mais rarement, ou plus tard. Car sur le moment, l'exaspération et l'incompréhension engluent dans mille sensations pénibles.

La science face au mystère

Le rire apparaît surtout quand on retrouve (plus ou moins rapidement) la fugueuse. Tapie en boule dans le repli d'une housse de couette, ou simplement collée dans un recoin du tambour. Plus la cachette et les motifs de la disparition sont

* On désigne trop souvent la chaussette qui a disparu par le terme « orpheline ». C'est une erreur. Car c'est celle qui reste, solitaire et perplexe, qui est l'orpheline. Sans compter qu'il faudrait d'ailleurs plutôt dire « veuve » ou « divorcée ». Qu'importent ces confusions, tout le monde comprend aussitôt. Car l'envie de désigner le problème (et de le résoudre) est trop forte.

improbables (le bébé qui l'avait confondue avec un doudou, le mari qui l'avait prise pour essuyer son écran d'ordinateur) plus la découverte donne matière à récit déclamé à la cantonade ou posté sur les réseaux sociaux, amplifiant la légende de la chaussette orpheline. Mais cette chaussette perdue et retrouvée n'est que l'ombre de la vraie chaussette orpheline, celle qui disparaît à jamais et construit le mystère, la part de surnaturel qui entraîne la légende dans une autre dimension. S'il ne s'agissait que de quelques rares disparitions, l'analyse objective pourrait légitimement invoquer divers facteurs aléatoires. Mais tel n'est pas le cas, les évasions de chaussettes sont massives.

Dans un sondage à la réalisation duquel j'avais participé[36], près d'une personne sur deux déclarait avoir été confrontée au problème (qui arrivait deuxième après les poches non vidées, mais bien avant le linge rétréci ou décoloré). Une étude britannique menée par un psychologue, Simon Moore, et un statisticien, Geoff Ellis, auprès de 2 000 personnes, a mesuré l'ampleur du phénomène. En moyenne, les sujets de sa Royale Majesté perdent 1,3 chaussette par mois, ce qui tout au long d'une existence représente un total de 1 264 chaussettes. Pour l'ensemble des Britanniques, 84 millions de chaussettes sont déclarées orphelines chaque mois[37]. Un milliard en une année ! Les chiffres (qui demanderaient à être vérifiés*) donnent le vertige.

Le problème est tel qu'il était impensable qu'il ne titillât point les plus grands scientifiques. Nous avons déjà vu, avec John Bell et le professeur Bertlmann, que la chaussette en général, et son association par paires en particulier, avait eu les honneurs de la physique quantique. Les plus hautes sphères intellectuelles de la physique théorique ne pouvaient ignorer la question intrigante des chaussettes orphelines. Stephen Hawking lui-même s'est penché dessus**. Certes le grand

* Je ne saurais bien sûr suspecter l'intégrité scientifique de mes collègues. Il n'est pas impossible cependant qu'un biais méthodologique ait altéré leurs résultats. Il faudrait notamment vérifier si dans les chaussettes comptabilisées « orphelines » n'apparaissaient certaines, éventuellement nombreuses, qui n'étaient que momentanément disparues. En ce cas, les chiffres se référeraient aux constats de disparition plutôt qu'aux chaussettes définitivement perdues. La confusion est fréquente, car au moment de la disparition, il est impossible de distinguer les deux cas de figure, et la tentation est grande de considérer la fugueuse comme mystérieusement et irrémédiablement disparue. D'autant qu'il n'est pas rare qu'elle ne soit retrouvée que des semaines, voire des mois plus tard.

** Voici ses propos rapportés dans une bande dessinée de vulgarisation scientifique : « Des trous noirs microscopiques virtuels apparaissent à cause des fluctuations quantiques (...). C'est peut-être là qu'on retrouvera toutes chercheur et vulgarisateur amateur de traits d'humour laisse planer le doute sur le sérieux de ses assertions, notamment quand il dit qu'un trou noir est quelque chose que l'on trouve au bout d'une chaussette noire. On ne peut décidément s'empêcher de rire de la chaussette ! Mais au-delà de la galéjade, comment ne pourrait-on être tenté d'établir une association d'idées entre la théorie des trous noirs où disparaissent des particules, et le mystère des chaussettes orphelines ?

Après avoir calculé l'ampleur de l'évaporation des chaussettes, Simon Moore et Geoff Ellis décidèrent de déclencher la puissance de leurs équations et algorithmes pour résoudre le mystère. Mystère par ailleurs très préoccupant pour le budget des ménages (malgré le prix désormais modeste des chaussettes, ils ont évalué que ces disparitions coûtaient 2 500 livres sterling pour une existence entière). Rêvant peut-être au prix Nobel, ils ont réussi à mettre au point un « Index de perte de la chaussette. » Dont voici la formule :

$$(L\ (p \times f) + C\ (t \times s)) - (P \times A).$$

Peut-être aurais-je dû m'arrêter là dans mes explications, avec ce qu'a de rassurant l'abstraction

---

les chaussettes orphelines. », Jim Ottaviani, Leland Myrick, 2019.

mathématique, qui donne l'impression que la science peut dissoudre tous les mystères. Mais ce ne serait guère honnête. Marie-Céline Ray, journaliste scientifique, détaille le contenu de l'équation. « L représente la taille des lessives (le produit entre le nombre de personnes dans la maison et la fréquence des lavages dans la semaine). C exprime la complexité des lessives ; sa formule est : t x s, où t est la somme des différents types de lavages (blanc et couleur) dans la semaine et s le nombre de chaussettes lavées dans la semaine. P est une mesure sur une échelle de 1 à 5 qui représente la motivation des personnes qui font la lessive : 1 signifie que la personne déteste faire la lessive et 5 qu'elle aime beaucoup faire la lessive. A est le degré d'attention, qui tient compte du fait que la personne qui fait la lessive vérifie les poches, met les vêtements dans le bon sens pour le lavage ou déroule les chaussettes avant de les laver[38]. »

Conclusion ? Plus le volume des lessives dans un ménage est important, plus la probabilité qu'une chaussette reste orpheline est grande. Autant dire que nous n'avons rien appris sur les causes de la disparition. Le mystère reste entier. Et je n'aurais pas la prétention de le résoudre ici.

Ce n'est peut-être pas plus mal ainsi. Si souvent méprisée, rabaissée, moquée (au mieux, considérée comme insignifiante), je trouve réjouissant que la valeureuse chaussette parvienne à défier la science et se transformer en objet de légendes. Elle est d'ailleurs souvent racontée ainsi dans la littérature enfantine, joyeuse, surprenante, amicale. Il pourrait exister une tout autre vie pour la chaussette, plus douce, tolérante et positive. Y compris pour les femmes, si souvent agacées.

L'alliée inattendue

Les femmes aussi portent des chaussettes. Ce ne sont toutefois pas les leurs, mais celles de leur mari qui sont sources d'accès de rage et de fatigue mentale. Leurs propres chaussettes sont relativement absentes de leurs pensées. Il arrive toutefois qu'elles deviennent de douces et chaleureuses alliées, soignant des fragilités, ou exaltant au contraire des aventures grandioses. Bienvenue dans le monde de la chaussette alliée de la femme.

Les petites fragilités d'abord, la chaussette-thérapie. Dans une enquête que j'avais réalisée sur tout ce qui se passe dans le lit conjugal (en dehors de la sexualité), j'avais constaté un fait assez étonnant : un grand nombre de femmes avaient froid aux pieds au moment de se coucher[39]. Beaucoup d'hommes ayant chaud au contraire, certaines utilisaient donc leur mari pour se réchauffer les pieds, ce qui m'avait incité à titrer un paragraphe : « L'homme-bouillotte ». Mais d'autres recouraient à un procédé beaucoup plus simple, d'autant que l'entrée dans le lit n'est pas toujours synchrone : enfiler une paire de chaussettes. Des chaussettes qui souvent avaient déjà eu une longue existence, un peu fatiguées donc, mais délicieusement confortables et enveloppantes. Au moment de s'endormir, les enfiler était devenu un rituel générant un plaisir minuscule.

Des chaussettes assez semblables, mais pour un usage diurne, et avec une portée symbolique complètement différente, concrétisaient, elles aussi, un autre plaisir minuscule. Je les avais repérées dans une enquête sur les femmes célibataires[40]. La vie en solo avait ses moments difficiles (notamment le froid solitaire dans le lit, le soir, qui attaquait par les pieds), mais également ses grandeurs, ses griseries libertaires, revanche féminine contre des siècles de subordination. La sensation d'autonomie et de liberté était exaltante, et se concrétisait, se ressentait charnellement, dans des rituels microscopiques fortement porteurs de sens. Il y avait le faux repas pris sur le pouce, à même la moquette ou dans le lit, le carré de chocolat croqué à n'importe quel moment de la journée, la grasse matinée sans fin le dimanche matin. Et les chaussettes, la vie en chaussettes. De grosses chaussettes de laine, tire-bouchonnées sur les chevilles, faisant office de pantoufles. Voyez Claudia par exemple. « Il y a la liberté de flâner si l'on a envie, de lire toute la journée du samedi et du dimanche si on le souhaite, en tee-shirt Mickey et en grosses chaussettes, de se nourrir uniquement de gâteaux si on le veut, de passer deux heures au téléphone avec sa meilleure amie. Bref, des petits bonheurs dont il serait difficile de se passer[41]. » La chaussette féminine peut se faire symbole de bien-être et de liberté.

La chaussette confinée

La douloureuse expérience que nous avons connue avec la crise sanitaire et les confinements successifs a provoqué d'intenses souffrances psychologiques, mais aussi une véritable mutation anthropologique (ou plutôt une accélération d'une mutation déjà engagée) vers un désir de douceur et de mollesse existentielles, de retrait momentané du monde, entraînés par une irrésistible attirance pour des attitudes régressives plus ou moins bien supportées, et vers une redécouverte de gestes élémentaires donnant sens à la vie[42]. Dans ce mouvement qui nous emportait vers le doux, le mou et le douillet, les manières d'être vestimentaires (il s'agit de bien plus que d'une simple mode) ont profondément évolué, accentuant la montée de la tendance « homewear », où l'important est d'abord de se sentir bien dans des vêtements vécus comme une deuxième peau.

« Pantalon de jogging, hoodie molletonné, chaussettes triple épaisseur, la journée peut commencer. Le début du week-end ? Non. Une déprime post-rupture ? Non plus. Cet attirail est au temps du Covid-19 le nouvel uniforme du salarié[43]. » Des scènes que l'on n'aurait même pas imaginées il y a quelques années se déroulent sous nos yeux. « "J'ai vu quelqu'un traverser le bureau en chaussettes pour aller dans un autre service", se souvient Deanna Narveson, journaliste à Bâton-Rouge (Louisiane)[44]. » Les femmes célibataires ne sont plus les seules à imaginer une nouvelle gloire pour la chaussette. D'autant que le plaisir secret est de moins en moins caché, car de moins en moins honteux ; des influenceuses postent des photos de leurs chaussettes *cool* et *fashion* sur Instagram. La chaîne de magasins Zara propose quant à elle « une ligne de sous-vêtements délicats combinant lingerie en dentelle, pantalon de pyjama en coton et chaussettes en cachemire[45] ».

La tendance homewear est souvent empreinte d'une touche de nostalgie, une attirance pour le vintage. Alors que déferle une vague de féminisme radical, ce regard vers le passé explique le paradoxal mais spectaculaire *revival* du tricot. De même que l'on réapprend le plaisir ancestral du pain au levain fait maison, le pull lentement tricoté réactive l'imaginaire des veillées et l'inscrit dans un projet écologique. Le pull, ou encore mieux, la chaussette, plus simple à fabriquer. Lalu l'explique dans son blog. « Depuis quelques mois, les chaussettes constituent l'essentiel de mes projets tricot. Quand j'étais en stage par exemple, c'était un projet idéal. C'est relativement rapide et on peut le transporter partout. Quelques rangs avant d'aller travailler, quelques rangs le soir pour se détendre. C'était parfait. Mais ces dernières semaines, c'est l'aspect zéro cerveau qui prime le plus[46]. » Inouï ! Une chaussette qui vide le cerveau, à l'opposé absolu de celle du mari, qui provoque agacements et charge mentale ; à nouveau retournée en son contraire. « Ces chaussettes, elles me font un bien fou, de la vraie tricot thérapie[47]. »

Jusqu'où cette tendance rétro pourrait-elle nous entraîner ? Abandonnant les conquêtes des cochères, les femmes seraient-elles prêtes de nouveau à ravauder les chaussettes ? Dans mes diverses enquêtes, j'ai constaté la résistance de cette pratique archaïque, y compris, une fois, chez un jeune couple. Anne faisait des efforts désespérés pour impliquer Pat dans les tâches ménagères[48].

Elle imagina des tactiques subtiles pour l'installer devant la table à repasser. Mais la motivation de Pat était faible, et elle sentait sa forte propension à déserter la tâche à la moindre occasion. Elle était donc contrainte de lui soutenir le moral, et s'installa à ses côtés pour ce faire, jusqu'à ce que le dernier tee-shirt soit repassé. Ne sachant trop comment s'occuper pendant ce temps, elle saisit une chaussette trouée. Et, retrouvant un vieil œuf en bois de grand-mère, se mit à la raccommoder. Depuis, elle récupère le moindre trou pour accompagner l'effort de son homme.

Une jeune femme qui reprise les chaussettes ne fait cependant pas une tendance. De plus, le cas est très particulier. Anne développe cette tactique à l'intérieur d'une stratégie féministe, elle n'aurait jamais reprisé les chaussettes si Pat ne s'était pas mis au repassage. À l'inverse du tricot, qui peut s'inscrire dans une éthique branchée de la relaxation écologique, le ravaudage ne porte et ne peut porter actuellement qu'une seule symbolique, celle de la subordination des femmes. Impossible d'imaginer un retour au ravaudage. Les chaussettes qui traînent ou deviennent orphelines suffisent déjà assez pour provoquer leur lot explosif d'agacements. Et aggraver la charge mentale.

Je ne répéterai jamais assez que la question de la chaussette est l'avenir de la libération de la femme.

Conclusion

Nous avons pris à contre-pied l'intuition hégelienne sur la dialectique cogito/chaussette-trouée et cela nous a entraînés dans la direction opposée, celle de la vie secrète des profondeurs inconscientes. Nous y avons découvert un monde secret, riche de surprises. Dans l'univers public, l'idéal de banalité, d'inexistence sociale, de quasi-invisibilité de la chaussette, n'est contrarié qu'à l'occasion de quelques éclats, aussi irruptifs qu'ils sont vite oubliés ou recouverts par les rires. Dans le chez-soi au contraire, les irruptions sont permanentes et nourrissent en continu agacements, pression mentale et petits conflits conjugaux ; les chaussettes empoisonnent l'existence.

Pourquoi devrions-nous subir cette malédiction sans réagir ? Ne serait-il pas temps de tenter quelque chose ? Je suis chercheur, pas homme politique, et j'hésite souvent avant de sortir de ma réserve qui, selon les enseignements du sociologue Max Weber, enjoint les scientifiques à respecter une indispensable neutralité. Mais face à l'urgence du problème, et conscient du fait que personne ne semble percevoir tous les ennuis que nous cause la chaussette, j'ai décidé de proposer une sorte de programme d'action, une politique de la chaussette.

Je pensais donc présenter ici mon adresse au bon peuple de France.

Mais au moment de la rédiger, je me rends compte que je ne suis sans doute pas mûr pour la carrière politique, car mes propositions mélangent des propositions modérées et réformistes avec une idée plus simple mais audacieusement subversive et radicale. Voici donc l'état de mes pensées.

L'option modérée aurait pu être rédigée en deux articles.

Article 1

Les chaussettes qui traînent. Il conviendra d'éduquer les hommes à un meilleur rangement de leurs chaussettes, de leur apprendre en particulier à ne pas les laisser traîner dans divers recoins ou au milieu du salon. Et à ne jamais demander « Où t'as mis mes chaussettes rouges ? »

Article 2

Les chaussettes trouées. Le problème des chaussettes trouées ne peut être assimilé à celui des chaussettes qui traînent, car il confronte deux philosophies de l'existence qui ont chacune leur légitimité (l'homme est souvent lui-même d'accord pour dire que ses chaussettes traînent, alors qu'il argumente pour la survie des chaussettes trouées).

Il conviendra donc d'instaurer des temps de négociation permettant de déboucher sur des compromis, dans un esprit d'écoute et de compréhension mutuelle. Que l'un accepte de sacrifier quelques chaussettes trouées ; que l'autre admette un maintien en vie de chaussettes qui lui paraissent pourtant bien fatiguées. L'important est d'éviter un choc de civilisations, et de construire une nouvelle culture conjugale par le tricotage des différences.

Programme bien fade, il faut en convenir, et qui ne me paraît pas à la hauteur de la situation. Après avoir mûrement réfléchi, j'ai donc décidé de préférer l'option révolutionnaire. Le combat sera rude, mais il ne faut pas avoir peur. On critique souvent les révolutionnaires pour le simplisme de leur vision du monde. Et il est vrai que mon idée centrale est caricaturalement simple : pour résoudre une bonne partie du problème de la chaussette, il suffit d'abolir les paires !

Pourquoi les chaussettes devraient-elles immanquablement aller par deux ? Il est surprenant de constater combien cette injonction, cette norme, cette croyance, ce diktat est profondément inscrit dans nos esprits. Le moindre pas de travers est immédiatement sanctionné par des regards en coin et des sarcasmes poussant à rentrer dans le rang. Or cette pure convention sociale n'a plus aucune justification à notre époque.

Il pouvait en être autrement naguère, quand les vêtements se référaient à la tradition et définissaient une fonction. L'habit faisait le moine et les originalités n'étaient guère de mise. Les codes étaient stricts et répétitifs. Le rapport des personnes à leurs vêtements s'est inversé avec le grand mouvement historique d'autonomisation individuelle qui a commencé dans les années 1960. Chacun, du moins en théorie, avait le droit (presque le devoir) de s'habiller à son idée, de composer son look, son image. Cette créativité empreinte d'un désir de liberté et de souplesse (dont le homewear est une belle illustration) ringardisa peu à peu les costumes-cravates, ajouta des taches de couleur et des touches d'originalité. Sauf pour les chaussettes, contraintes de subir de manière inébranlable l'obligation de rester associées à leur double.

Je suis convaincu qu'il s'agit là d'un archaïsme, qui ne perdure que parce que nous n'avons pas encore pris conscience qu'il est révolu. Dans quelques années, quand mon appel révolutionnaire aura été entendu et aura produit ses effets, on se demandera comment nous pouvions vivre ainsi, péniblement contraints de reconstituer les paires simplement parce que nous nous disions qu'il fallait reconstituer les paires, que nous étions victime du diktat nous faisant croire qu'il s'agissait d'un devoir sacré.

Notre incapacité d'alors à adopter un minimum de distance critique par rapport à une convention idiote et dépassée devrait légitimement ouvrir, *a posteriori*, un grand débat en forme d'inventaire de nos naïvetés passées et de notre soumission à la normalité. Mais je pense qu'il n'aura pas lieu, et que nous nous contenterons de rire (comme toujours quand il s'agit de chaussette), en nous racontant les scènes désopilantes engendrées par la complexité ménagère du vieux temps. Pour que nous puissions ne plus souffrir de la chaussette et rire de nous bientôt, il est urgent d'agir.

Voici donc mon manifeste pour que notre vie demain soit meilleure : « Vive la chaussette libre ! »

Manifeste : « Vive la chaussette libre ! »

Briser le diktat des paires s'impose comme un impératif moral et une urgence sociétale, pour toute une série de raisons.

1/ La reconstitution des paires à chaque étape du traitement ménager est ce qui explique une bonne part des agacements et de la pression mentale. Briser ce diktat rendrait la vie plus facile, nerveusement plus sereine et conjugalement moins tendue.

2/ Le drame des chaussettes orphelines pourrait être résolu ou presque, seule la perte serait à déplorer. Il n'y aurait plus d'obligation à chercher et chercher encore la disparue, la chaussette orpheline elle-même pourrait continuer à vivre sa vie de chaussette, éviter la poubelle. Le gain psychologique et financier serait appréciable.

3/ Du point de vue financier justement, l'abolition des paires générerait des économies substantielles dans le budget des ménages puisque ne seraient plus jetées les chaussettes encore en bonne santé quand leur double est atteint de troubles divers (trou, tache, etc.).

4/ On peut penser d'ailleurs que les crises liées aux chaussettes trouées pourraient être atténuées, car les maris résistent souvent pour sauver celle des deux qui aurait mérité de continuer son existence.

5/ Sans retourner au ravaudage puisque cela paraît impossible, l'abolition des paires permettrait d'accélérer la nécessaire mutation écologique de notre société. Briser les paires, c'est bon pour le climat et bon pour la planète. Jeter massivement des chaussettes parfaitement en état de marche est actuellement une faute morale impardonnable. J'oserais dire, un crime contre la planète. Pour cette seule raison, le peuple de France devrait, je pense, suivre mon appel à l'insurrection.

6/ Un dernier point enfin, moins marginal qu'il n'y paraît. On demande souvent aux femmes de faire beaucoup d'efforts pour leur émancipation, pendant que les hommes sont plutôt spectateurs et se contentent (au mieux) d'applaudir. Mais ici ce sont eux qui pourraient être à l'initiative. Car ils seront les premiers à lancer le mouvement, à avoir le courage de porter des chaussettes dépareillées. Pour la liberté de tous, mais en particulier celle des femmes.

Le temps est donc venu d'agir.

Le combat pour la libération des chaussettes peut prendre deux directions assez différentes. On pourrait imaginer le lancement d'une nouvelle mode, un raffinement branché, des associations de couleurs étudiées. Mais le risque alors serait d'induire une charge mentale d'un autre genre et un processus de distinction sociale discriminant, qui n'aurait rien de libératoire. Je préfère donc l'option réellement révolutionnaire, celle des associations aléatoires : prendre ce qui vient dans le tiroir à chaussettes, sans calcul, en toute insouciance. Une insouciance qui ouvre sur la radicalité du combat à mener : il faut, résolument et définitivement, libérer la chaussette !

Hommes, n'ayez pas peur, osez ! Pour que le monde demain soit meilleur, moins stressant, moins fatigant, plus écologique. Ayez l'audace de briser les dogmes anciens. Et votre femme en recevra les bienfaits, ce cadeau par les pieds lui ira droit au cœur.

Vive la chaussette libre !

Bibliographie

BACQUE-GRAMMONT J-L. (2013), « Corne Ducale et Sainte-Chaussette dans la relation de voyage d'Evliyâ Çelebi », *Cahiers balkaniques*, n° 41.

BANTIGNY L., BUGNON F., & GALLOT F. (dir.), *« Prolétaires de tous les pays, qui lave vos chaussettes ? » Le genre de l'engagement dans les années 1968*, Rennes, Presses universitaires de Rennes.

BAUMAN Z. (2013), *La Vie liquide*, Paris, Pluriel.

BELL J. (1981), « Bertlmann's socks and the nature of reality », *Journal de physique*, vol. 42, n° 2.

BENASAYAG M. (2019), *La Tyrannie des algorithmes*, Paris, Textuel.

BENJAMIN W. (2014), *Enfance berlinoise*, Paris, Hermann.

BENVENUTO S. (2004), « Les perversions : une impasse éthique », *Cliniques méditerranéennes*, n° 70, vol. 2.

BERGER P.L., LUCKMANN T. (2006), *La Construction sociale de la réalité*, Paris, Armand Colin.

BERTIN F. (2016), *Le Théorème de la chaussette*, Riom, Eyes Éditions.

BOURDIEU P. (1980), *Le Sens pratique*, Paris, Minuit.

BOYER-WEINMANN M., REYNAUD D. (2019), *Vestiaire de la littérature : Cent petites confections*, Ceyzérieu, Champ Vallon.

BRICMONT J. (2013), « Y a-t-il quelque chose de pourri au royaume de Copenhague ? », dans Marc Silberstein éd., *Matériaux philosophiques et scientifiques pour un matérialisme contemporain. Volume 1 : Sciences, ontologie, épistémologie*, Paris, Éditions Matériologiques.

BROSSAT A. (2009), « Le paradigme du lancer de chaussettes », *Lignes*, n° 29.

BUSER P. (1998), *Cerveau de soi, cerveau de l'autre*, Paris, Odile Jacob.

CARRE Y. (1996), *Le Baiser sur la bouche au Moyen Âge*, Paris, Le Léopard d'Or.

CHALIER J. (2013), « La cécité aux couleurs », *Études*, n° 12.

CORBIN A. (1982), *Le Miasme et la jonquille, l'odorat et l'imaginaire social, XVIIIe-XIXe siècles*, Paris, Aubier.

DAMASIO A. (1995), *L'Erreur de Descartes. La raison des émotions*, Paris, Odile Jacob.

DAVRANCHE G. (2016), *Trop jeunes pour mourir. Ouvriers et révolutionnaires face à la guerre (1909-1914)*, Montreuil, L'Insomniaque/Libertalia.

DECLERC P. (2007), « Clochardisation et autodestruction », dialogue en réponse aux questions de Jean-Jacques Pailler, *Revue française de psychosomatique*, n° 32.

DENEFLE S. (1992), « De la division sexuelle du travail domestique. L'exemple de l'entretien du linge », *Les Cahiers du LERSCO*, n° 14.

DEOTTE J.-L. (2016), « Benjamin et le paradoxe de la chaussette », *Appareil* [Online], article mis en ligne le 7 novembre 2016, dernière consultation le 1er mai 2019, journals.openedition.org/appareil/2354

EASTAWAY R. (2010), *Combien de chaussettes font la paire ? Les mathématiques surprenantes de la vie quotidienne*, Paris, Flammarion.

ELSIG A. (2010), « L'action directe en correctionnelle : la Ligue d'action du bâtiment et l'affaire de Versoix (1931) », *Cahiers d'histoire du mouvement ouvrier*, vol. 26.

FESTINGER L. (1957), *A Theory of Cognitive Dissonance,* Evanston, Row, Peterson & Co.

FERREIRA DE MADEDO M. B. (2003), « Femmes de ménage et veilleurs de nuit : Une approche sexuée du travail précaire dans un hôtel en France », *Cahiers du Genre*, n° 35.

FARRIS S. (2015), Sara Farris, « Féministes de tous les pays, qui lave vos chaussettes ? », *Comment S'en Sortir ?* n° 1.

FREUD S. (2013, première édition 1915), *L'Inconscient*, Paris, Payot.

GACEM K. (1996), *Les Propriétés individuelles dans la chambre conjugale*, mémoire de maîtrise de sociologie, sous la direction de François de Singly, Université Paris 5.

GIUST-DESPRAIRIES F. (2013), *Le Métier d'AMP*, Paris, Dunod.

GLUCKSMANN A. (2009), *Les Deux Chemins de la philosophie*, Paris, Plon.

GOFFMAN E. (1975), *Stigmate. Les usages sociaux des handicaps*, Paris, Minuit.

GUIHEUX G. (2004), « Les ressources localisées d'une entreprise privée en Chine centrale », *Genèses*, n° 56.

HALPERN P. (2016), *Le Dé d'Einstein et le chat de Schrödinger. Quand deux génies s'affrontent*, Paris, Dunod.

HEGEL, G.W.F. (1979) « Aphorisms from the Wastebook », *The Independent Journal of Philosophy*, vol. 3.

HEIDEGGER M. (2003). *Four Seminars*, Bloomington, Indiana University Press, 2003.

HUSSAIN F. (2016), *Orages pèlerins*, Paris, Le serpent à plumes.

KAUFMANN J.-C. (1992), *La Trame conjugale, analyse du couple par son linge*, Paris, Nathan. Réédition Armand Colin, 2022.

KAUFMANN J.-C. (1997), *Le Cœur à l'ouvrage. Théorie de l'action ménagère*, Paris, Nathan, Réédition Armand Colin, 2015.

KAUFMANN J.-C. (1999), *La Femme seule et le prince charmant. Enquête sur la vie en solo*, Paris, Nathan.

KAUFMANN J.-C. (2001), *Ego, Pour une sociologie de l'individu*, Paris, Nathan.

KAUFMANN J.-C. (2005), *Amour, casseroles et crises. Ce que cuisiner veut dire*, Paris, Armand Colin.

KAUFMANN J.-C. (2007), *Agacements. Les petites guerres du couple*, Paris, Armand Colin.

KAUFMANN J.-C. (2011), *Le sac. Un petit monde d'amour*, Paris, Lattès.

KAUFMANN J.-C. (2013), *La Guerre des fesses. Minceur, rondeurs et beauté*, Paris, Lattès.

KAUFMANN J.-C. (2015), *Un lit pour deux, la tendre guerre*, Paris, Lattès.

KAUFMANN J.-C. (2021), *C'est fatigant la liberté. Une leçon de la crise*, Paris, L'Observatoire.

KUNDERA M. (1984), *L'Insoutenable Légèreté de l'être*, Paris, Gallimard.

LAVELLE P. (2005), « Religion et histoire : Sur le concept d'expérience chez Walter Benjamin », *Revue de l'histoire des religions*, n° 222, vol. 1.

LE BART C. (2013), *L'Ego-politique. Essai sur l'individualisation du champ politique*, Paris, Armand Colin.

LENGLET R. (2014), *Nanotoxiques : une enquête*, Arles, Actes Sud.

LINDON M. (2001), *La Littérature*, Paris. P.O.L.

MANOURY J. (2012), *Où sont les chaussettes orphelines ?*, Hallennes-Lez-Haubourdin, TheBookEdition.

MARAZZI C. (1997), *La Place des chaussettes*, Paris, Éditions de l'Éclat.

MARCHAND G. (2018), *La Déréliction de la chaussette trouée*, Erdre en Anjou, Inceptio Éditions.

MAURY C. (2008), « Des chaussettes et des urnes : chronique des élections municipales à Perpignan », *Pôle Sud*, n° 29.

MICCIO E. (2013), *L'eleganza del maschio*, Milan, Rizzoli.

MÔ M. (2011), *Au guet-apens : Chroniques de la justice pénale ordinaire*, Paris, La Table Ronde.

MORGIEVE M., UNG Y., GEHAMY C., BRIFFAULT X. (2013), « Diminuer l'impact des troubles obsessionnels compulsifs par des modifications de l'environnement physique », *PSN*, n° 3, vol. 14.

OTTAVIANI J., MYRICK L. (2019), *Hawking*, Paris, La Librairie Vuibert.

PERRET C. (2010), « Quand l'humour est un impératif du travail social », *Le Sociographe*, n° 33.

PERRUCHET P., NICOLAS S. (1998), « L'apprentissage implicite : un débat théorique », *Psychologie française*, vol. 43, n° 1.

POITOU J.-P. (1974), *La Dissonance cognitive*, Paris, Armand Colin.

PROUST M. (1919), *À l'ombre des jeunes filles en fleurs*, Paris, Gallimard.

PRUVOST G. (2017), « Critique en acte de la vie quotidienne à la ZAD de Notre-Dame-des-Landes (2013-2014) », *Politix*, n° 117.

RAVAISSON F. (1957) (Première édition 1838), *De l'habitude*, Paris, P.U.F.

RENNES J. (2016), « Cochères parisiennes, le risque en spectacle », *Travail, genre et sociétés*, n° 36.

ROLLAND D. (2012), « Condo s'en est allé... », *La Pensée sauvage*, n° 1, vol. 13.

ROVIRA K., LECOUTRE M-P., LECOUTRE B., POITEVINEAU J., (2010), « Catégorisation des situations d'incertitude et variabilité des points de vue sur le hasard », *Bulletin de psychologie*, n° 505.

ROWLING J. K. (1999), *Harry Potter et la chambre des secrets*, Paris, Gallimard Jeunesse.

SENESI V. (2009), *La scatola dei calzini perduti*, Milan, Piemme.

SOKAL A., BRICMONT J. (1997), *Impostures intellectuelles*, Paris, Odile Jacob.

STIEGLER B. (2016), *Dans la disruption. Comment ne pas devenir fou ?*, Paris, Les Liens qui Libèrent.

TILLIER B. (2011), « Dessinateur et caricaturiste, entretien avec Plantu », *Sociétés & Représentations*, n° 32.

TURKIELTAUB S. (2012), « Prévenir les conduites à risque des adolescents : les actions “No Sock, No Love” et le “Passeport SAS”. Entretien avec Thierry Meunier, directeur de la MADEF », *Journal du droit des jeunes*, n° 316.

TURNBULL M. (2020), *A Bigger Picture*, Londres, Hardie Grant Books

VEILLON D. (1988), « Bas et chaussettes à l'affiche », *Vingtième siècle*, n° 20.

Notes

1.
Promenade (en chaussettes) entre fausses pistes et grandes idées

1. Rob Eastaway, 2010.

2. Katia Rovira, Marie-Paule Lecoutre, Bruno Lecoutre et Jacques Poitevineau, 2010.

3. John Bell, 1981.

4. Alan Sokal et Jean Bricmont, 1997.

5. Jean Bricmont, 2013.

6. *Idem.*

7. *Idem.*

8. *Idem.*

9. Thierry Meunier, cité par Sandrine Turkieltaub, 2012.

10. Sigmund Freud, 2013.

11. Extrait publié sur son blog : http://agnes2nantes.unblog.fr/2010/01/23/pour-une-fois-freud-ma-fait-beaucoup-rire/

12. Sergio Benvenuto, 2004.

13. http://forum.doctissimo.fr/doctissimo/Fetichisme/fetichisme-chaussettes-sujet_10561_1.htm

14. https://fr.metrotime.be/2018/11/05/actualite/115-000e-par-an-en-vendant-ses-chaussettes-usagees/
15. https://www.francebleu.fr/infos/faits-divers-justice/le-fetichiste-des-chaussettes-de-dijon-recidive-1557162605
16. *Idem.*
17. Walter Benjamin, 2014.
18. Jean-Louis Déotte, 2016.
19. Walter Benjamin, 2014.
20. Patricia Lavelle, 2005.
21. *Idem.*
22. *Idem.*
23. Miguel Benasayag, 2019.
24. André Glucksmann, 2009.
25. Georg Wilhelm Friedrich Hegel, 1979.
26. Martin Heidegger, 2003.

2.
Banales et moquées

1. Jean-Claude Kaufmann, 2005.
2. Peter Berger et Thomas Luckmann, 2006.
3. *Ibid.*
4. *Parents*, novembre 2007, https://www.parents.fr/bebe/eveil-et-developpement/l-evolution-de-bebe/l-aider-a-grandir/apprendre-a-son-enfant-a-shabiller-seul-78827
5. Jean-Claude Kaufmann, 1997.
6. Jean-Claude Kaufmann, 2011.
7. Yannick Carré, 1996.
8. Jean-Louis Bacqué-Grammont, 2013.
9. *Ibid.*
10. Correspondance de Michel Tardieu, professeur au Collège de France, citée par Jean-Louis Bacqué-Grammont, 2013.

11. *Ibid.*

12. Dominique Veillon, 1988.

13. Gilles Guiheux, 2004.

14. Margot Morgiève, Yannick Ung, Céline Gehamy et Xavier Briffault, 2016.

15. *Masculin.com*, https://www.masculin.com/culture/12066-chaussettes-connectees-netflix/

16. *Ibid.*

17. Agence française de sécurité sanitaire de l'environnement et du travail.

18. Roger Lenglet, 2014.

19. https://sciencepost.fr/ces-chaussettes-chargees-durine-produisent-de-lelectricite/

20. Patrick Declerck, 2007.

21. Geneviève Pruvost, 2017.

22. Fawaz Hussain, 2016.

23. Helen Laziou-Roger, militante de l'association, *Ouest-France*, 12 novembre 2015, https://www.ouest-france.fr/normandie/elle-collecte-des-chaussettes-pour-les-refugies-3840104

24. Florence Giust-Desprairies, 2013.

25. *Ibid.*

26. Maître Mô, 2011.

27. Vauro Seni, 2009.

28. Martine Boyer-Weinmann et Denis Reynaud, 2019.

29. Marcel Proust, 1919.

30. https://www.la-croix.com/Culture/Actualite/Robert-Rauschenberg-genie-des-combines-_NG_-2006-11-30-518035

31. Eddy Mitchell, cité dans https://www.lesechos.fr/2010/11/eddy-tes-bon-435877

32. Mathieu Lindon, 2001.

33. Milan Kundera, 1984.

34. https://www.asso-unil.ch/cineclub/2021/08/la-fureur-de-vivre/

35. J. K. Rowling, 1999.

36. https://www.20minutes.fr/insolite/1706683-20151011-fans-harry-potter-offrent-chaussettes-liberer-dobby

37. Carole Perret, 2010.

38. *L'Express*, 6 mai 1993, https://www.lexpress.fr/informations/mort-d-un-homme-seul_594264.html

39. Pascale Sauvage, *Le Figaro*, 9 décembre 2005.

40. Plantu, en réponse aux questions de Bertrand Tillier, 2011.

41. Aemilia, témoignage publié dans le blog https://fortyfiveweeks.wordpress.com/2016/02/01/chaussette-trouee/

42. *Ibid.*

43. Geoffrey Marchand, 2018.

44. Aemilia, témoignage publié dans le blog https://fortyfiveweeks.wordpress.com/2016/02/01/chaussette-trouee/

45. *Ibid.*

46. Institut français d'Écosse, https://ifecosse.wixsite.com/blog/post/l-art-perdu-de-repriser-ses-chaussettes

47. *Ibid.*

48. *Courrier international*, 1er février 2007, https://www.courrierinternational.com/breve/2007/02/01/les-trous-dans-les-chaussettes-de-paul-wolfowitz

49. *Libération*, 20 décembre 2000, https://www.liberation.fr/cahier-special/2000/12/20/chaussette-trouee_348461/

3.
Éclats publics : l'effet irruptif de la chaussette

1. Bernard Stiegler, 2016.

2. Caroline Maury, 2008.

3. *L'Express*, 1er décembre 2011.

4. *M Le Monde*, 24 mai 2013, https://www.lemonde.fr/m-styles/article/2013/05/24/est-ce-bien-raisonnable-de-porter-des-chaussettes-blanches_3416140_4497319.html

5. *GQ*, 1er février 2020, https://www.gqmagazine.fr/style/article/la-chaussette-blanche-est-elle-redevenue-cool

6. *L'Express Styles*, 22 février 2020, https://www.lexpress.fr/styles/les-chaussettes-montrent-patte-blanche_2118483.html

7. *Le Figaro*, 27 juillet 2017, https://www.lefigaro.fr/conso/2017/07/27/20010-20170727ARTFIG00111-claquettes-chaussettes-le-style-de-l-ete-qui-cartonne-mais-n-est-pas-vraiment-nouveau.php

8. Blog *Reead*, le 3 septembre 2020, https://www.reead.com/fr/claquettes-chaussettes-avis-3674572019/

9. https://www.maxisciences.com/egypte/des-chercheurs-revelent-les-secrets-de-chaussettes-rayees-fabriquees-il-y-a-plus-de-1700-ans_art41728.html

10. Zygmunt Bauman, 2013.

11. Jean-Claude Kaufmann, 2013.

12. *Idem*.

13. https://www.elle.fr/Mode/Accessoires-de-Mode/Comment-les-chaussettes-sont-devenues-cool

14. *Idem*.

15. https://www.tendances-de-mode.com/2021/03/29/4323-chaussettes-mode-d-emploi

16. https://www.vogue.fr/communaute/wiki-de-la-mode/articles/miu-miu-le-grand-talent-de-la-petite-soeur-de-prada/20623

17. https://www.lefigaro.fr/conso/2018/01/27/20010-20180127ARTFIG00010-un-americain-achete-pour-14-000-euros-de-chaussettes-de-luxe-a-une-entreprise-francaise.php

18. https://www.huffingtonpost.fr/2016/06/20/chaussettes-hautes_n_10565922.html

19. https://jamaisvulgaire.com/nos-conseils-de-style-chaussettes-formelles/

20. « Rien n'est plus disgracieux qu'un pantalon qui remonte et dévoile vos mollets », https://chaussetteonline.com/fr/content/24-la-chaussettes-pour-homme-ce-nouvel-accessoires-de-mode

21. Sam Leith, « Socks Appeal », *Financial Time,* 3 novembre 2021.

22. *Idem.*

23. https://www.businesscoot.com/fr/etude/le-marche-de-la-chaussette-france

24. https://www.zeste.ca/articles/idees-originales-pour-des-cadeaux-de-noel-damis

25. Dominique Rolland, 2012.

26. https://cafe-delice.com/2020/02/18/filtres-a-cafe-reutilisables-une-nouvelle-revolution/

27. Paul Halpern, 2016.

28. Erving Goffman, 1975.

29. Fabrice Bertin, 2016.

30. Enzo Miccio, 2013.

31. *Le Figaro*, 3 novembre 2014.

32. *Le Figaro*, 9 décembre 2005.

33. *Ibid.*

34. *Ibid.*

35. *Le Point*, 16 janvier 2013, https://www.lepoint.fr/editos-du-point/christophe-ono-dit-biot/les-chaussettes-roses-de-michel-sapin-16-01-2013-1615556_780.php

36. *Le Figaro*, 9 août 2017, https://www.lefigaro.fr/politique/2017/08/09/01002-20170809ARTFIG00276-michel-sapin-retrouve-le-conseil-d-etat.

37. Cité par *20 minutes*, le 10 août 2017, https://www.20minutes.fr/insolite/2115655-20170810-chaussettes-roses-michel-sapin-font-unanimite-twitter

38. https://www.terrafemina.com/article/kamala-harris-pourquoi-ses-chaussettes-anti-donald-trump-font-tant-parler_a356621/1

39. *Le Monde diplomatique*, 7 janvier 2018, https://www.monde-diplomatique.fr/2018/01/RIMBERT/58251

40. Christian Le Bart, 2013.

41. *Madame Figaro*, 21 septembre 2017, https://madame.lefigaro.fr/style/photo-justin-trudeau-chaussettes-chewbacca-stars-wars-210917-134265

42. *New York Times*, 27 juin 2017, https://www.nytimes.com/2017/06/27/fashion/socks-justin-trudeau-canada.html

43. *Le Dauphiné libéré*, 12 juillet 2017, https://www.ledauphine.com/politique/2017/07/12/et-voila-la-diplomatie-de-la-chaussette

44. *La Libre Belgique*, 27 janvier 2018, https://www.lalibre.be/lifestyle/magazine/justin-trudeau-etonne-encore-et-toujours-avec-ses-chaussettes-5a6c555ccd7083db8bcbaafe

45. *Journal de Montréal*, 20 juin 2020, https://www.journaldemontreal.com/2020/06/20/une-gifle-pour-justin

46. Malcom Turnbull, 2020.

47. https://www.worlddownsyndromeday.org/event/lots-of-socks-2019

48. Cité par Alexandre Elsig, 2010.

49. Guillaume Davranche, 2016.

50. https://www.lemonde.fr/international/article/2021/03/22/en-bielorussie-les-manifestants-face-a-l-epreuve-de-la-prison_6074041_3210.html

51. *L'Express*, 2 octobre 2019, https://www.lexpress.fr/actualites/1/culture/en-russie-la-repression-policiere-inspire-la-mode_2100860.html

52. Alain Brossat, 2009.

53. *Ibid.*

54. *Ibid.*

55. Ludivine Bantigny, Fanny Bugnon et Fanny Gallot, 2017.

56. Sara Farris, 2015.

57. Juliette Rennes, 2016.

58. Citée par Juliette Rennes, 2016.

59. Juliette Rennes, 2016.

4.
Dans le petit théâtre privé : la femme et la chaussette du mari

1. Félix Ravaisson, 1957.

2. Pierre Bourdieu, 1980.

3. Jean-Claude Kaufmann, 2001.

4. Pierre Buser, 1998.

5. Pierre Perruchet et Serge Nicolas, 1998.

6. Jean-Claude Kaufmann, 1992.

7. Sondage Ipsos pour Ariel, « Les Français et la répartition des tâches », 18 avril 2018. Selon la méthode des quotas, mené auprès de 1 005 Français de plus de 18 ans.

8. Sylvette Denèfle, 1990.

9. Jean-Claude Kaufmann, 1992.

10. Alain Corbin, 1982.

11. Antonio Damasio, 1995.

12. https://www.maxisciences.com/maladie/un-homme-aux-urgences-apres-avoir-renifle-ses-chaussettes-sales_art42339.html

13. Jean-Claude Kaufmann, 1997.

14. Ipsos, pour O2 Care Services, « Les Français et la charge mentale », enquête selon la méthode des quotas, réalisée par Internet 1 002 Français âgés de 18 ans et plus, 27 février 2018, https://www.ipsos.com/fr-fr/charge-mentale-8-femmes-sur-10-seraient-concernees

15. *Ibid.*

16. Jean-Claude Kaufmann, 2007.

17. Leon Festinger, 1957. *Cf.* également Jean-Pierre Poitou, 1974.

18. Karim Gacem, 1996.

19. Jean-Claude Kaufmann, 2021.

20. https://www.leblogdelamechante.fr/blog-mode/homme-chaussettes/

21. *Ibid.*

22. Cité dans https://www.leblogdelamechante.fr/blog-mode/homme-chaussettes/

23. *Ibid.*

24. *Ibid.*

25. https://www.leblogdelamechante.fr/blog-mode/homme-chaussettes/

26. Cité dans https://www.leblogdelamechante.fr/blog-mode/homme-chaussettes/

27. *Ibid.*

28. *Ibid.*

29. *Ibid.*

30. Maria Bernardete Ferreira de Macêdo, 2003.

31. *Le Matin*, 12 octobre 2011, « Les Suisses puent des pieds », https://www.blacksocks.com/files/images/CMS/blacksocks/medien/BS_2011_Le%20Matin%20Sockenumfrage.pdf

32. « La vérité sur les chaussettes des Européens. » Sondage réalisé auprès de 3 000 hommes et femmes, par GFK Suisse pour Blacksocks, https://www.blacksocks.com/fr/sondageeneurope

33. Jonathan Chalier, 2013.

34. Cf. par exemple Josselin Manoury, 2012. Il s'agit en réalité d'un recueil de nouvelles érotiques.

35. Marie Vareille, 2019.

36. Ipsos pour Ariel, « Les Français et la répartition des tâches : où en sommes-nous en 2018 ? », 18 avril 2018. Sondage selon la méthode des quotas mené auprès de 1 005 personnes âgées de plus de 18 ans.

37. Étude commanditée par Samsung, 25 avril 2016, https://news.samsung.com/global/sock-horror-mystery-of-missing-socks-is-solved-scientists-reveal-why-socks-go-missing-in-the-wash-and-how-likely-it-is-to-happen

38. Marie-Céline Ray, « Science décalée : le mystère des chaussettes orphelines est enfin résolu », *Futura-Sciences*, 19 mars 2017, https://www.futura-sciences.com/maison/actualites/finances-science-decalee-mystere-chaussettes-orphelines-enfin-resolu-62796/

39. Jean-Claude Kaufmann, 2015.

40. Jean-Claude Kaufmann, 1999.

41. Citée dans Jean-Claude Kaufmann, 1999.

42. Jean-Claude Kaufmann, 2021.

43. *L'Obs*, 8 novembre 2020, https://www.nouvelobs.com/mode/20201108.OBS35825/la-revanche-du-homewear.html

44. Cité dans https://www.nouvelobs.com/topnews/20210219.AFP5700/moins-stricte-plus-confortable-la-tenue-de-travail-transformee-par-la-pandemie.html

45. *L'Obs*, 8 novembre 2020, https://www.nouvelobs.com/mode/20201108.OBS35825/la-revanche-du-homewear.html

46. *Le journal de Lalu*, 3 mars 2019, https://lejournaldelalu.com/tricot-therapie-et-chaussettes/

47. *Ibid.*

48. Jean-Claude Kaufmann, 1992.

Table

COMPOSITION ET MISE EN PAGES
NORD COMPO À VILLENEUVE-D'ASCQ

CET OUVRAGE A ÉTÉ ACHEVÉ D'IMPRIMER
SUR ROTO-PAGE
PAR L'IMPRIMERIE FLOCH À MAYENNE
EN AOÛT 2022

N° d'impression : 100994
Dépôt légal : août 2022
Imprimé en France